ふるさと再発見の旅 甲信越

清永安雄 撮影

産業編集センター

ふるさと再発見の旅　甲信越

ふるさと再発見の旅　甲信越　目次

新潟県

長野県

山梨県

新潟

村上
相川
会津八一旧宅
古町花街
大膳神社能舞台
にいがた人情横丁
草苅神社能舞台
赤泊
新潟市
宿根木
津川
高田
結東

村上《むらかみ》（村上市村上）

吊るし鮭が冬の訪れを告げる城下町

江戸時代、村上城の城下町として栄えた村上。出羽街道や三国街道などの宿場町、さらには北前船の寄港地にもなり、県北随一の町として歴史を刻んできた。今も残る多くの史蹟や建ち並ぶ古い家屋に往時の面影を偲ぶことができる。

そうした歴史もさることながら、この町を語る上で欠かせないのが鮭である。村上の場合、天然の粗塩を鮭の表面と割いた腹の内側にまんべんなくゴシゴシと擦るようにすり込み、一定期間寝かせて熟成させる。塩を表面だけにすり込み、すぐに出荷される新巻き鮭などの塩鮭と区別され、村上の鮭は「塩引き鮭」と呼ばれている。塩をゴシゴシ擦るようにすり込むことを村上で「塩を引く」と言うことに由来する。

村上と鮭の歴史は古い。平安時代の「延喜式《えんぎしき》」で越後国の鮭が朝廷に献上された記録が残っているほどで、村上の三面《みおもて》川で獲れる鮭は越後を代表する特産品であった。江戸時代には、三面川の鮭漁は藩の管理のもと町人の入札制で行われ、その請負人が収める運上金が藩の大きな収入源になるほどだった。しかし、乱獲のために鮭の漁獲量は年々減少し、入札も中止される。財政が立ち行かなくなる危機を感じた藩は、鮭の漁獲量を増やすための対策を練る。そこで白羽の矢が立ったのが、長年鮭を観察し続けてきた村上藩士、青砥武平治《あおとぶへいじ》だった。

武平治は、鮭が生まれた川に戻ってくる習性に着目し、三面川に鮭が産卵しやすい分流（種川《たねかわ》）をつくることを提案。三十年にもおよぶ大工事によって、分流をつくり、鮭の自然増殖に成功した。その結果、三面川では安定した量の鮭が漁獲できるようになり、藩の財政はなんとか持ち直した。

村上藩にとって、鮭は救世主。そんな大切な鮭に切腹させてはならぬ、との思いから、鮭の腹をすべて切らず、中ほどの一部を残す「止め腹」をすることが習わしになったといわれている。

秋が終わり、冷たい風が吹き始めるころ、町家の軒下にずらりと吊るされる数多くの鮭。北風に揺れ始めた塩引き鮭に誘われるかのように、村上の町にもうすぐ寒い冬がやってくる。

鮭珍味
酒びたし
塩引き
鮭珍味
庭

三面川

おすすめランチ

●塩引御膳

老舗鮮魚店「越後村上うおや」直営の食事処で、村上名産・塩引き鮭を味わうことができる。昔ながらの製法で仕上げた塩引き鮭をぜひ味わっていただきたい。

「海鮮一鰭」
村上市大町4-5 大町文庫1F

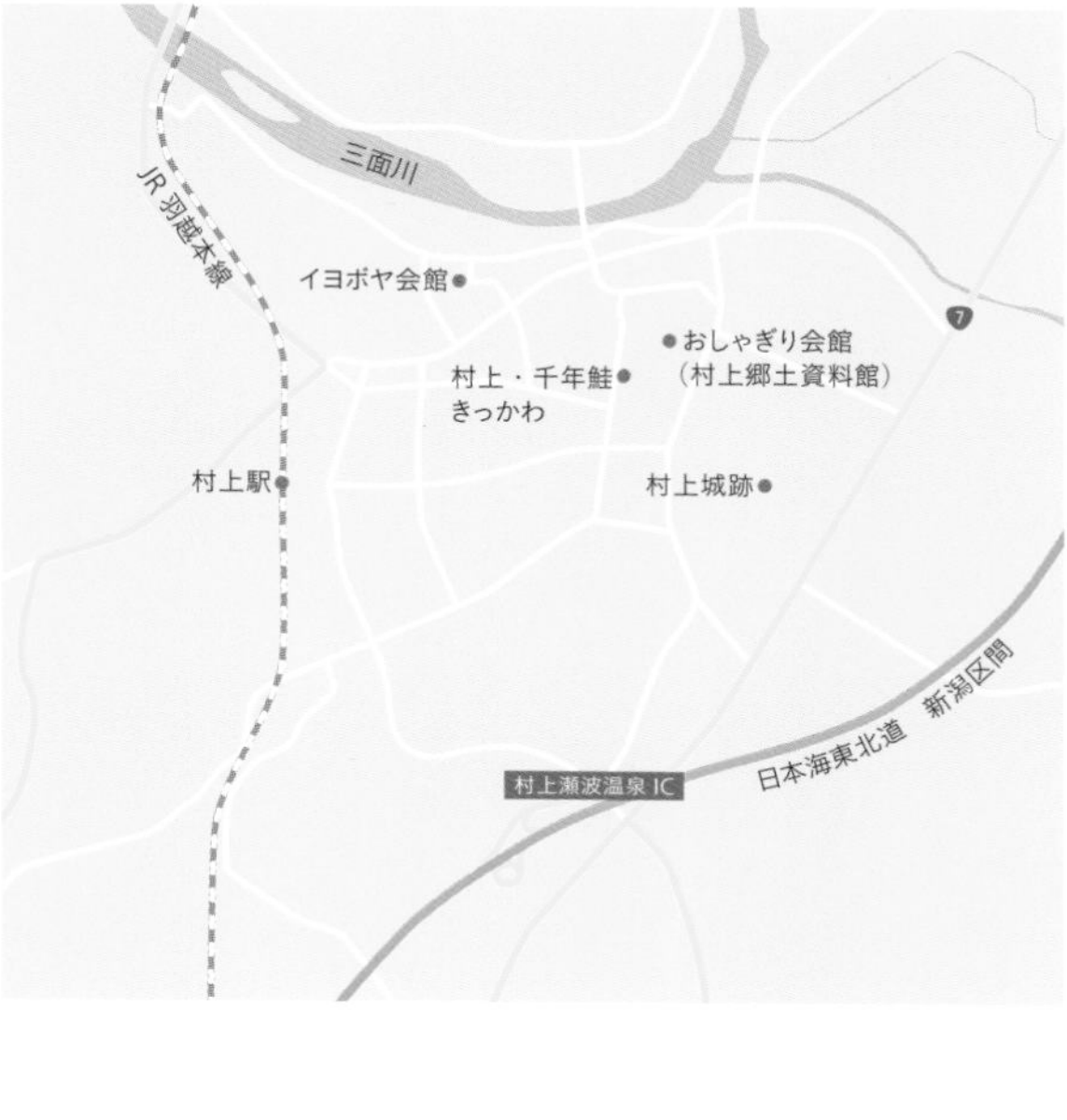

おしゃぎり会館(村上市郷土資料館)
住所:村上市三之町7-9
電話:0254-52-1347
開館時間:9:00～16:30
定休:年末年始
入館料:大人300円　小中高150円

★村上への行き方
JR羽越本線村上駅から徒歩約20分
日本海東北道村上瀬波温泉ICより車で5分

津川《つがわ》（東蒲原郡阿賀町津川）

狐の嫁入り伝説が残る歴史ある河港《かこう》の町

福島と群馬を源流とし、日本海へと流れ注ぐ阿賀野川《あがのがわ》。日本でも有数の水量を誇る河川として人々の暮らしを潤してきた。その阿賀野川流域に拓けた集落のひとつが津川である。かつては津川町として独立していたが、二〇〇五年に他の三町村と合併して阿賀町となった。

江戸時代、会津藩領であった津川は会津藩の入り口にあたり、阿賀野川の舟運が発展するにつれて重要な中継地点として栄えた。大阪からの米や瀬戸内の塩を積んだ船が津川で荷を陸揚げし、それらを会津に運び、会津からの産物などは新潟へと運ばれた。船着場は大船戸《おおふなと》と呼ばれ、百隻以上の船と百人以上の丁持衆《ちょうもち》（船から蔵などに荷を運搬する人々）でにぎわっていた。当時、津川は利根川の関三河岸、岡山の勝山河岸とともに日本三大河港と呼ばれていたという。

当然、津川の町には藩の施設である藩蔵や船番所が置かれ、問屋や旅籠などが数多く軒を連ねていた。町中を歩くと、往時の活況を今に伝える古い建物が点在し、当時の風情をわずかだが味わうことができる。

阿賀野川を挟んで、この町を見下ろすようにあるのが麒麟山《きりんざん》である。中国に伝わる伝説の動物麒麟に形が似ているのがその名の由来とのことだが、実はこの山、あることで有名だった。それは、夜になると煌々と光る狐火が頻繁に見られることである。闇につつまれた山野に狐火が並ぶ様は、嫁入り行列の提灯のように見える。そこから、麒麟山には狐が婚礼のために行列をつくる「狐の嫁入り行列」の言い伝えが残るようになった。

この言い伝えをもとに、津川では一九九〇年から「狐の嫁入り行列祭り」を開催。夜の帳《とばり》が下りるころ、狐に扮した花嫁が百八人のお供を従えて街中を練り歩く。闇に浮かぶ提灯の灯りが、まさに麒麟山の狐火のようで、その幻想的な行列を見るために毎年多くの観光客が訪れている。この祭りが行われる五月三日は、津川の人口の十倍もの人がこの町に足を運ぶ。

今から約百二十年前に津川を訪れたイギリスの旅作家イザベラ・バードは、その著書『日本奥地紀行』の中で阿賀野川と山々の美しさを讃えている。もし彼女が狐の嫁入り祭りを見たらどう思うだろうか。そんなことを考えながら、麒麟山を借景に美しく流れる阿賀野川の河岸を歩くのも、また旅の一興といえようか。

阿賀野川と麒麟山

てらくぼ
動物病院

津川は雁木発祥の地といわれている

おすすめランチ

●山菜わっぱ飯

歴史ある古民家を利用した本格そば店。新潟名物わっぱ飯は、山菜、鮭、鮭とイクラの親子、とろそぼろなど季節により数種類とり揃える。ボリューム満点のかき揚げそばも人気だ。

「塩屋橋」
阿賀町津川3508

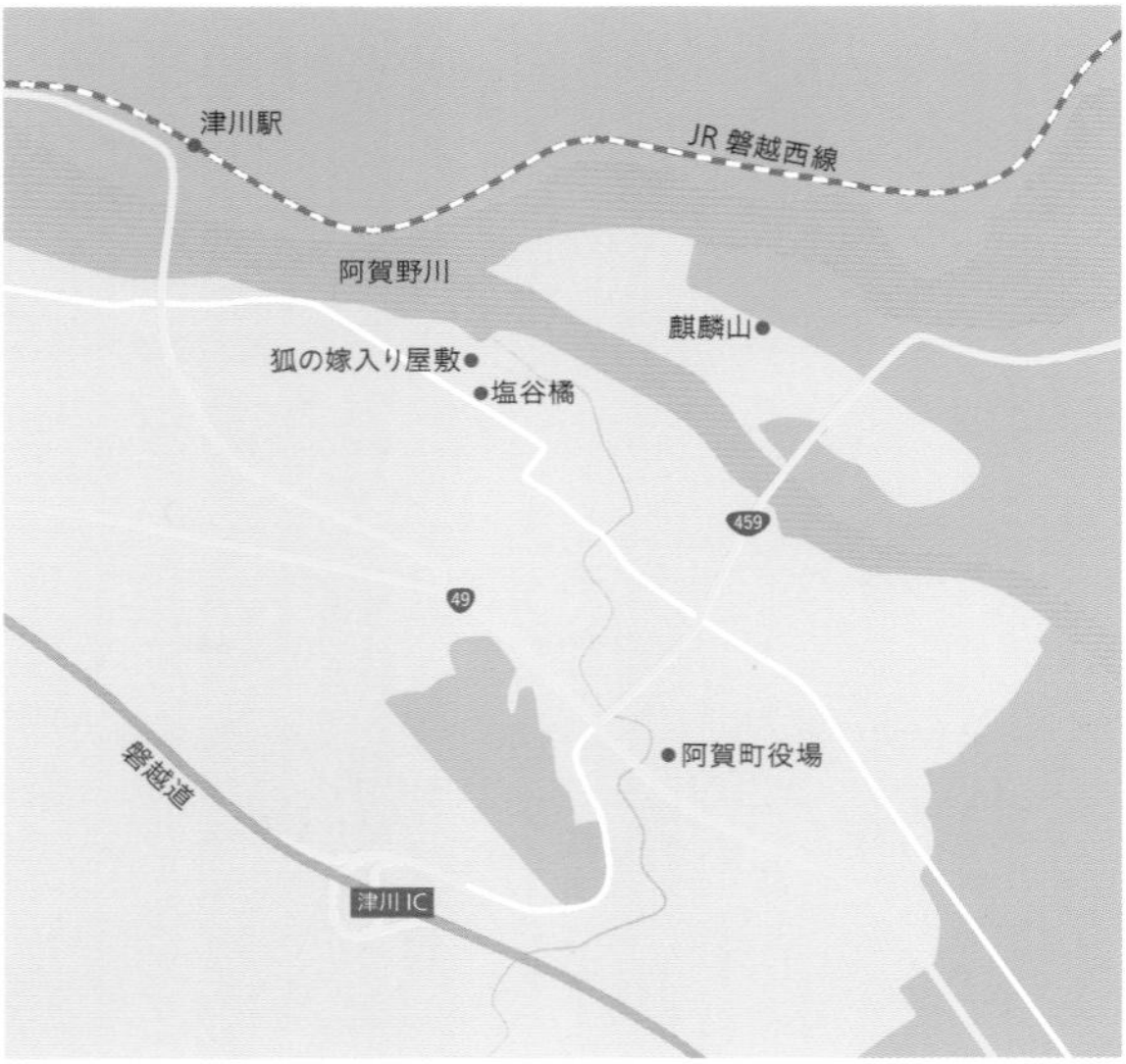

狐の嫁入り屋敷
住所：阿賀町津川3501-1
電話：0254-92-0220
開館時間：8：30〜17：00
定休：毎週木曜

★津川への行き方
JR磐越本線津川駅から徒歩約15分
磐越道津川ICより車で約5分

ショウキ祭り（しょうきまつり）

阿賀町と、隣接する新発田市の一部に伝わる伝統行事、ショウキ祭り。毎年早春に五穀豊穣、無病息災、子孫繁栄、厄払いなどを願って行われるもので、江戸時代末期から続いている。中国から伝わった神様である鍾馗様の人形を稲藁で作り、集落内に祀る。地区ごとにわら人形の姿形が違い、祀り方や儀式も違うのが特徴だ。現在は阿賀町五集落と新発田一集落に伝わるが、存続の危機にあり、継承のための様々な活動が行われている。

開催時期 毎年2月初めから3月半ば
開催場所 阿賀町熊渡、小出、大牧、日出谷ほか

写真提供：阿賀町観光協会

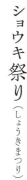

相川《あいかわ》（佐渡市相川）

金を掘るために日本中から人が集まった鉱山町

新潟港からフェリーで約二時間半、新潟市の西方約四十五㎞沖合に浮かぶ佐渡島。東京二十三区の一・五倍という広さを誇る島には、今も手つかずの自然が残り、豊かな海や山の幸と相まって、訪れる者を魅了してやまない。

この佐渡島が広く知られるようになったのは、金銀山の存在である。佐渡島で金山が発見されたのは一六〇一年のこと。三人の山師がたまたま見つけたといわれているが、その二年後の一六〇三年には幕府は相川の金銀山を天領として直轄する。当時、いかに金が重要だったかがわかる。実際、佐渡産出の金銀は江戸幕府の財政を大きく支えた。その後、江戸幕府から明治政府、そして民間へと管轄者は変わっていったが、一九八九年まで佐渡から金銀が採掘され続けた。その量は金七十八トン、銀二千三百三十トン。日本のみならず世界有数の金銀山だった。

その佐渡金山の鉱山町として大変な盛況ぶりをみせていたのが相川である。奉行所が置かれ、江戸時代の最盛期には約五万人の人々が暮らしていたといわれている。働き口を求めて全国各地から人が集まり、それぞれが持ち込んだ生活習慣や文化が混じりあい、独特の文化が生まれた。相川は佐渡の行政の中心地のみならず、佐渡文化の源流ともなった町なのである。

往時の繁栄に思いを馳せながら、相川の町を歩いてみる。佐渡奉行所跡から、明治時代につくられたレンガ塀の通りを行くと、ひときわめだつ時鐘楼がある。そこから少し坂を登り左に折れると、下京町、中京町、上京町と続くいわゆる京町通りが伸びている。金山華やかなりし頃のこの町のメインストリートであり、数多くの商店が軒を連ねていた通りだ。江戸時代に京都の西陣織りを扱った店があったことが名前の由来になっている。今は商店などはないが、道の両側に時折顔を出す古い屋敷や古民家に、当時の面影を感じることができる。

さらにその先を歩いていくと、途中、相川金山のシンボルともいえる道遊《どうゆう》の割戸《わりと》が遠くにその異形をのぞかせる。職人たちが住んでいたといわれる大工町を過ぎれば、金山はもうすぐだ。ふと振り返れば、吹き上がってくる海風とともに、にぎわっていた頃のこの町の喧騒が聞こえてくるような気がした。

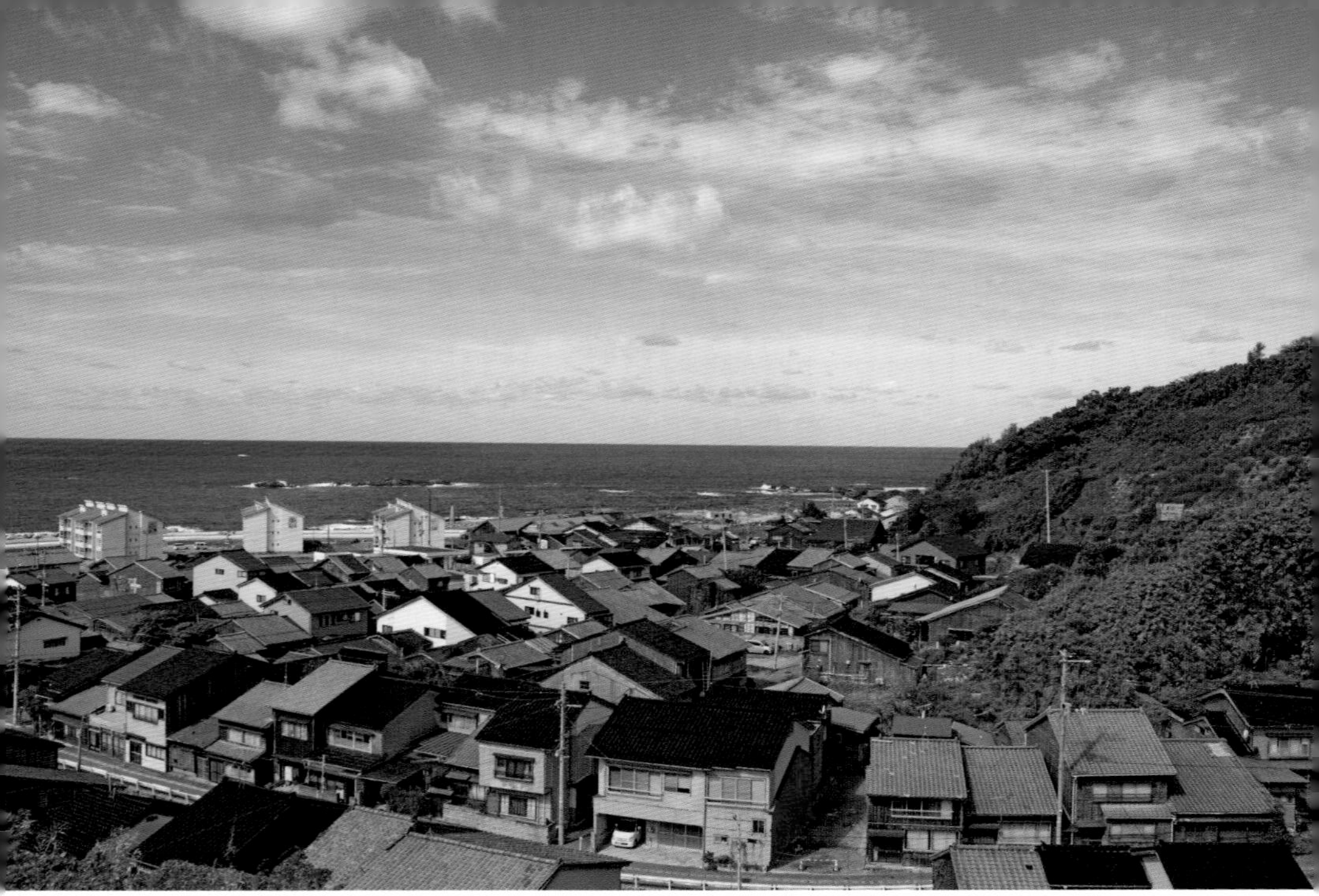

止まれ
STOP
消火栓
止ま

江戸時代につくられた時鐘楼

この建物は相川らしい町家の造りで
入って自由にご覧下

江戸時代に金などの搬出港となっていた「大間港」跡

鉱石から金や銀を採取した「北沢浮遊選鉱場」跡

水金《みずかね》遊郭跡

江戸時代、佐渡の花街として栄えていたのが相川水金町にあった水金遊郭である。町の中心の会津町にあった山先遊郭が享保2（1717）年に集団移転したもので、水金町には11軒の妓楼が店を構えた。佐渡の遊郭の中で源氏名を名乗ることができたのはこの遊郭だけということで、かなり格式が高かったと思われる。

現在、当時の建物は何も残っていないが、水金川にかかる石橋と石畳に当時の面影をわずかながら感じることができる。遊郭があった跡には、「水金遊郭跡」という碑が建っている。

道遊の割戸

おすすめランチ

●イカのゴロ焼き

漁師めしをアレンジしたという名物イカのゴロ焼きは、新鮮なイカまるまる一杯とゴロ(イカの肝)、野菜を蒸し焼きにした一品。味噌と肝が絶妙なコクと香りを醸し出している

「板前の店 竹屋」
佐渡市相川一町目5-3

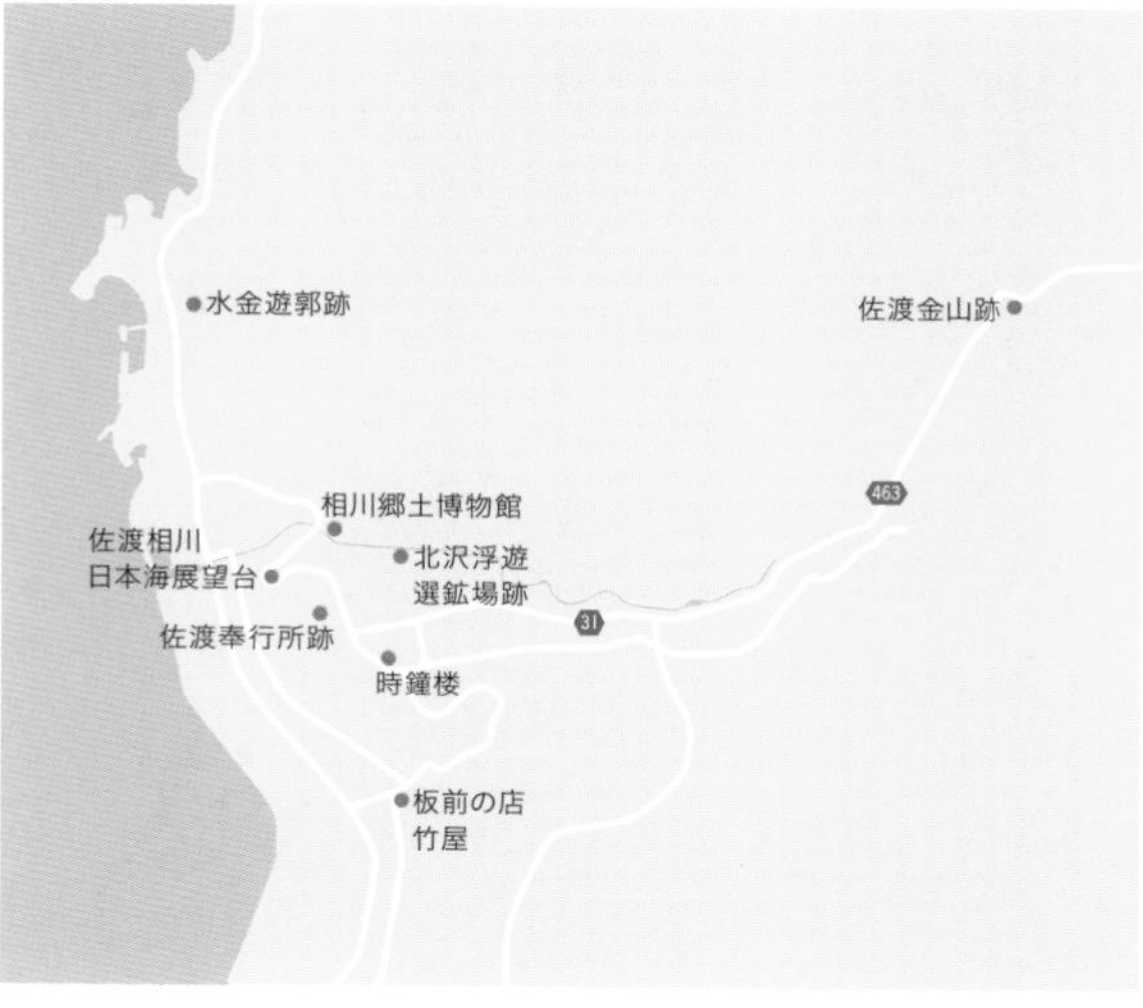

相川郷土博物館
住所：佐渡市相川坂下町20
電話：0259-74-4312
開館時間：8：30〜17：00
定休：年末年始、12月〜２月の土・日・祝日
入館料：大人300円　小中100円

★相川への行き方
新潟港からフェリーで約2時間50分両津港から車で約40分

さど雑話

佐渡の暮らしに息づく能文化

島内に三十以上の能舞台

佐渡島では古くから能が盛んに行われてきた。室町時代に佐渡に配流された世阿弥が広めたという説もあるが、江戸時代、初代佐渡奉行として赴任した大久保長安《ながやす》がもたらしたという説の方が信憑性が高い。能楽師でもあった大久保は、奈良から二人の能楽師を佐渡に連れてきて能を上演し、それをきっかけに能観劇の習慣が島内に広まっていったといわれている。

江戸幕府の天領地であった佐渡の能は、神事能として独自の進化をし、それが庶民の能として浸透していった。当時のお偉方にとっては座敷の謡いは一つの嗜みとされ、お祭りや節句や宴席で行われていたという。

そうした能の広がりにつれて、佐渡島内にはいくつもの能舞台ができる。神事能であることからほとんどが神社に併設するかたちでつくられた。現在でも三十以上の能舞台が残っており、今もなお定期的に能が上演されている舞台も多い。

草刈神社能舞台
明治初期頃の建物が残る。農村風景の中に溶け込む風情ある舞台。佐渡市羽茂本郷にある。

大膳神社能舞台
1846年に再建された舞台。茅葺寄棟造りで、佐渡最古といわれている。佐渡市竹田にある。

赤泊《あかどまり》（佐渡市赤泊）

佐渡随一の渡海場として栄えた港町

佐渡島と本土を結ぶ航路の発着港は、フェリー航路のある小木《おぎ》と両津《りょうつ》がよく知られている。それらの港の知名度には及ばないものの、佐渡の歴史に重要な役割を果たしてきた港が赤泊港である。

赤泊は、古くから佐渡の南の玄関口として栄えてきたが、江戸時代に相川金銀山が開発されると一気に金銀の積出港としてにぎわうようになる。一七〇〇年頃には、越後との距離が短いということで、出雲崎・小木航路から寺泊・赤泊航路に変更され、佐渡随一の渡海場となる。佐渡奉行渡来港ともなり、さらに相川金銀山への道として赤泊街道がつくられることによって、赤泊は多くの人と物が往来する港町となった。

海岸線に沿って町屋が建ち並び、港のまわりにはさまざまな商店が軒を連ねたという。なかでも赤泊の町の発展を支えたのが五人問屋と呼ばれた廻船問屋だった。大屋、淡路屋、二階屋、菊屋、石塚屋の五軒で、明治の初めまで、港の物資や人を管理する赤泊御番所の業務を補助し、税関の役割なども果たした。

この五人問屋のうちの淡路屋、二階屋は今も町中にあり、特に明治七年に建てられたもっとも古い淡路屋の建物は、ほぼ当時のままに残っている。運よく建物の前でご主人と会い、建物の中を見せてもらった。道路に面した入り口から入ると、小座敷と店があり、その奥に茶の間、中の間、座敷があり、奥の土蔵に続く土間は石畳の道のように長く伸びている。当時、淡路屋は五人問屋の中心的存在で、地域一帯の取りまとめ役をしていたのだという。

さらに、この淡路屋から北の方へ歩いていくと、八角形の望楼がある洋風建築の建物があった。これは地元では知らぬ人のいない田辺九郎平《くろうべい》という人の旧邸宅だった。赤泊の農家に生まれた九郎平は、江戸末期に松前に渡ってニシン漁で財をなし、五十歳で赤泊に戻ってからは、私財を投じて赤泊港の整備をすすめ、百五十メートルに及ぶ波止場を築きあげた。その九郎平が、松前でのニシン御殿の望楼に似せてつくらせたのが、この旧邸宅だといわれている。

このほかにも、小さな赤泊の町には北雪酒造《ほくせつしゅぞう》の酒蔵や旧電力会社の洋館、さらにはかつて旅館を営んでいた古い建物が点在している。ゆるく曲がった旧赤泊街道をゆっくりと歩けば、それらの建物から赤泊の繁栄の歴史がしっかりと浮かび上がってくる。

旧田辺九郎平邸

五人問屋のひとつ「淡路屋」

赤泊

赤泊郷土資料館
住所：佐渡市相川坂下町20
電話：0259-74-4312
開館時間：8：30～17：00
定休：年末年始、12月～2月の土・日・祝日
入館料：大人300円　小中100円

★赤泊への行き方
新潟港からフェリーで約2時間50分
両津港から車で約50分

結束《けっとう》（中魚沼郡津南町結束）

手つかずの自然と素朴な暮らしが残る村

新潟と長野の県境に秋山郷という秘境がある。苗場《なえば》山と鳥甲《とりかぶと》山に挟まれた中津川上流域にある越後八集落と信州五集落の総称で、新潟県の津南町から長野県最北端の村、栄村へと続いている。この秋山郷へ新潟側から入り、大赤沢、前倉と過ぎて三つめの集落が結束である。

鬱蒼とした森と高い山に囲まれた集落に足を踏み入れると、なぜこんなところに人が住むようになったのかと、疑問がわいてくる。

一説によれば、はるか昔、源平合戦で敗れた平家たちが、身を隠すためにこの地にやってきたといわれる。もしそれが本当であれば合点がゆく。ここに身を隠していれば、特に雪が降る冬などは、誰も追ってくることはないだろう。ただ、秋山郷の名が知られるきかっけとなった江戸時代の随筆家、鈴木牧之《ぼくし》の紀行文『秋山紀行』によれば、「世間では、皆、信州と越後の国境の秋山は、平家の落人の村と言っている。けれども、平家のどの人物の子孫にあたるかということすら、誰ひとりして知る人はいない――」と記している。

ちなみに、結束集落は、平継盛《つぐもり》が側近と隠れ住んだ集落だといわれている。一族は平家再興を願ったが叶えられず、そのかわりに、この集落で生まれた男の子の名前に必ず「平」をつけるようにしたという話が残っているが、真偽のほどは定かではない。

それにしても、二十一世紀の現代に、これほど手づかずの自然と素朴な暮らしが残っている村があることに驚く。

中津川渓谷の秋、紅葉で山々は朱く燃え、集落の家々も橙色に染まっていく。十一月も半ばを過ぎれば、ちらほらと雪が舞い始め、集落の家の前には手作りの藁の冷蔵庫「大根つぐら」が置かれ、秋に収穫した大根が保存される。やがて冬将軍の到来とともに、村は白一色の世界に変わる。時には四メートルにもなる積雪の中で、人々はじっと春を待つ。春は遅く、根雪の間から少しずつ降り注ぐ陽射しに感謝しながら、重い冬物の衣服を脱ぎ捨てれば、夏はもうすぐ間近。川のせせらぎが日々の暮らしを彩る。

何もない集落の中の細い坂道を歩きながら、心のコリがほぐれていくのを感じた。

見倉橋

★結東への行き方
関越道湯沢ICより車で約60分

高田《たかだ》（上越市高田）

後世に伝えたい瞽女《ごぜ》の歴史と物語

徳川家康の六男・松平忠輝《ただてる》によって築城された高田城の城下町が高田である。佐渡金山の管理や隣国加賀の前田家の監視役として重視された町であり、最盛期には高田藩十五万石を誇った。日本海特有の気候で、冬は数メートルの大雪に埋もれてしまう。人々の暮らしを守るための雁木《がんぎ》が町の通りに張り巡らされ、全長十六キロにも及ぶ。奇跡的にその雁木は今も当時のままに残っており、高田は日本一の雁木の町として知られている。

高田にはこの雁木の他にも、江戸中期に創業された老舗飴屋や江戸後期に建てられた商家、さらには明治時代の料亭や映画館など、数多くの歴史的建造物が残っている。そして、もう一つ、越後高田を語る際に忘れてはならないのが「高田瞽女《ごぜ》」の存在だ。

瞽女とは、三味線などを手に全国を巡業する盲目の女性旅芸人たちのことである。村の説話や出来事を独特な節回しの瞽女唄にして唄い語り、かわりに米などを受け取り生活の糧とする。特に新潟県を中心とする北陸地方に多く、中でも広く知られていたのが「高田瞽女」だった。一年のうち三百日は旅をしていたといわれ、新潟の村のほか、群馬や長野まで足を伸ばして巡業した。瞽女の三味線と唄は、当時の庶民にとっては最高の娯楽だった。

高田には、明治の頃には百人以上の瞽女が暮らしていた。だがその後徐々に減少し、昭和に入るとほとんどの瞽女が廃業してしまった。戦後は、杉本家という瞽女の家が一軒のみ残った。最後の高田瞽女親方といわれる杉本キクイは瞽女唄の伝承者として、一九七〇（昭和四十五）年に国の無形文化財に選出されている。

北陸は福井出身の小説家、水上勉の『はなれ瞽女おりん』。そしてその小説を原作とした岩下志麻主演の映画。美しくも哀しい愛の物語を描いたこの作品は多くの人々の心を震わせ、瞽女という存在を全国に知らしめた。その映画のロケ地の一つでもあった高田には、今もなお、あの映画で描かれたイメージを求めてやってくる人が多いという。そうした人々のために、高田の有志によって「瞽女ミュージアム高田」が開設され、何百年も伝承されてきた瞽女の芸と文化を後世に語り伝えるという取り組みが行われている。

冬の夜、雁木の屋根からすべり落ちる雪の音に驚きながら町を歩く。完全防寒の装いでも寒さが募るのに、雪道を草履で歩く瞽女たちはどれほど寒かったのだろうか。瞽女たちが雪中を歩く映画のワンシーンを思い起こしながら、瞽女がいたころの高田の町に思いを馳せた。

高田世界館

高田小町

高田小町
P

現存する日本最古級の映画館「高田世界館」

瞽女ミュージアム高田。
室内には古い瞽女の写真
が展示されている

おすすめランチ

●海鮮丼

寿司や刺身など、日本海の旬の地魚が味わえることで人気の居酒屋。ランチの海鮮丼はボリュームたっぷりで見た目も美しい。焼き魚やあら汁がつくセットもお得。

「軍ちゃん高田店」
上越市本町4-1-8

国登録有形文化財に指定されている老舗料亭
「宇喜世(うきよ)」

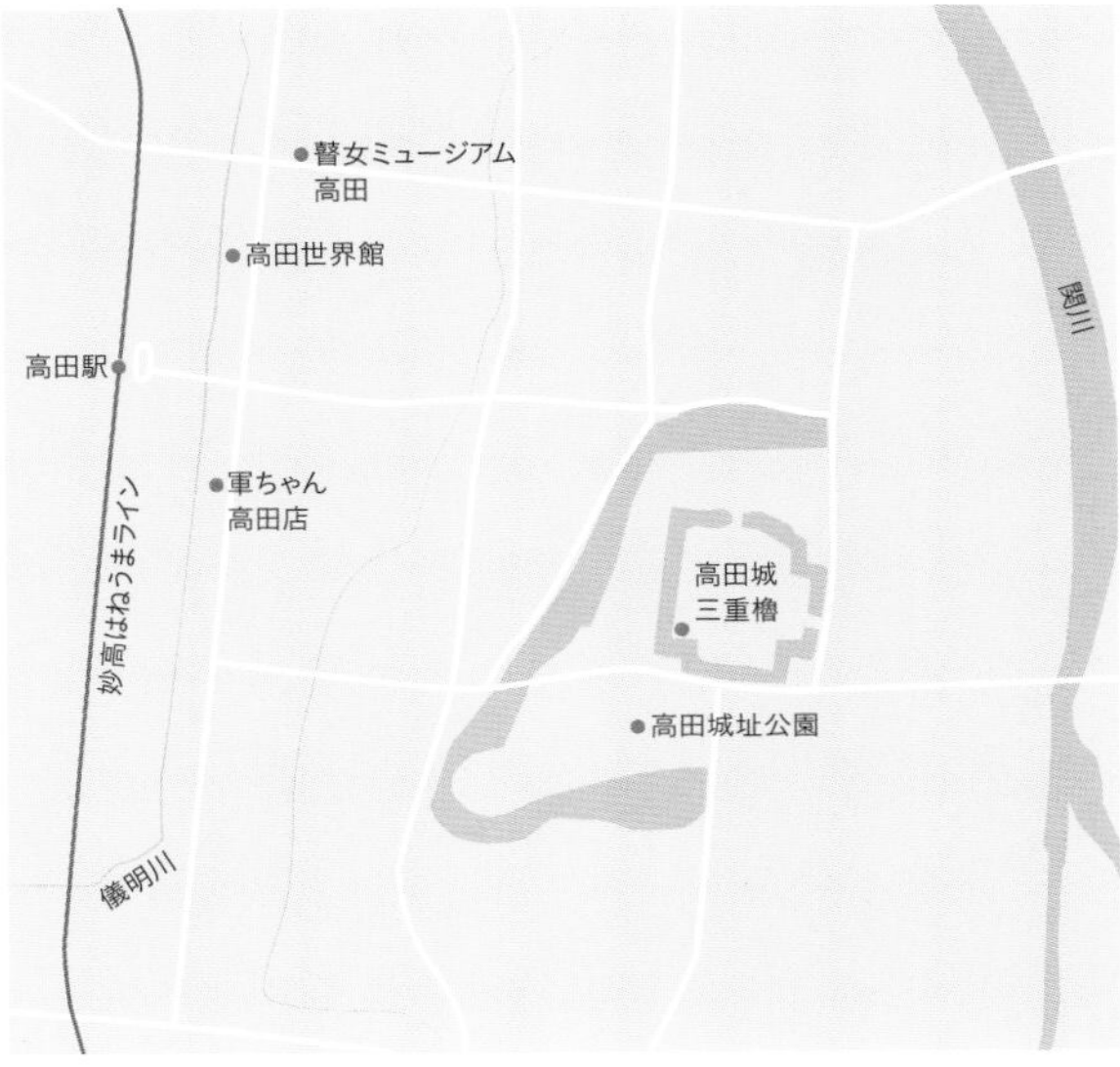

★高田への行き方
妙高はねうまライン高田駅から徒歩約10分

古町《ふるまち》花街（新潟市中央区）

日本三大花街のひとつに数えられた歴史ある花街

江戸時代、京都、大阪、江戸の三都に次ぐ規模を誇り、日本有数の遊郭として知られていたのが新潟古町である。その後、大正から昭和初期にかけては、新橋、花園と並ぶ日本三大花街の一つとして隆盛を誇った。

輝かしい歴史をもつ花街ではあるが、時代の趨勢には逆らえず、往時とは比べものにならぬほど規模は小さくなっている。それでも、この古町は新潟きっての花街として今も多くの人でにぎわいを見せている。

なかでも象徴的なのが老舗料理店「鍋茶屋《なべちゃや》」。一八四六（弘化三）年にスッポン鍋を売りにする店として開業して以来、百七十年以上にわたって、古町花街の灯を守ってきた。木造三階建ての建屋は文化財に指定され、この店がある東新道《ひがししんみち》通りは通称「鍋茶屋通り」と呼ばれ、その名を刻んだプレートが通りの入り口に設けられている。この鍋茶屋通りを含む古町八番町、九番町あたりには、鍋茶屋以外にも老舗の料亭などが点在し、古き良き花街の雰囲気を今に伝えている。

Snack

ノスタルジック商店街

にいがた人情横丁（新潟市中央区）
レトロなギザギザ屋根が目印の不思議な商店街

新潟駅万代口から車で約十分、新潟市中央区にあるのが「にいがた人情横丁」（本町中央市場商店街）である。一般的な商店街のイメージからは程遠く、小さな店が背中合わせになって約百六十メートル続いている。食品、鮮魚、海産物、カフェ、小物、雑貨……まるで宝物探しをしているような感覚で買い物を楽しめる商店街だ。

この人情横丁ができたのは一九五一（昭和二十六）年のこと。もともとそこには新津屋小路掘という掘があり、その堀をはさんだ本町通りで朝市が立っていたのだが、堀が埋め立てられたため、朝市に出店していた人々が堀の埋立地に移転したのが始まりらしい。商店街の真ん中には、商売繁盛の御利益がある白龍大権現が祀られている。

現在は、地元の方々はもちろんのこと、そのノスタルジックな雰囲気が人気を呼び、観光客も多く訪れている。ちなみに、この商店街のシンボルともいえる朱色のギザギザ屋根は、一九五六（昭和三十一）年に設えられたもので、ほぼそのときのままに残っている。

人情横丁
いつもご利用いただきありがとうございます 本町中央市場
かき氷

著名人の旧宅を訪ねて

会《あい》津《づ》八《や》一《いち》旧宅

新潟が生んだ卓越した文人の終の住処

歌人で美術史家であり、書家としても知られる会津八一。新潟の古町で生まれ育ち、早稲田大学卒業後は新潟で高校の英語教師となり、さらに早稲田中学の先生や早稲田大学の教授を務めるなど、教育分野でも大きな足跡を残した。六十五歳のときには「夕刊ニヒガタ」創刊にともなって夕刊新潟社の社長に就任。地元の発展のために尽力し続けた。

その八一が晩年を過ごした洋館が、北方文化博物館の新潟分館に残されている。北方文化博物館は、越後一の大地主だった伊藤家の邸宅を博物館にしたもので、戦後初の私立博物館だ。その伊藤家七代目の伊藤文吉氏が取得した建物が新潟分館の洋館である。逝去するまでの十年間、八一はこの洋館を「南浜・秋艸《しゅうそう》堂」と呼んで住んでいた。

分館に残る洋館は、ほぼ当時のままであり、回遊式日本庭園とあいまって美しい佇まいを見せている。

住所 新潟市中央区西船見町
5932-561
電話 0252－22－7612
開館時間 9：00～17：00
入館料 大人450円　大学生等
300円　小人200円
休館日 月曜日・年末・1月～2月

重要伝統的建造物群保存地区

佐渡市宿《しゅく》根《ね》木《ぎ》（港町）

平成3年4月30日選定　佐渡市宿根木

宿根木は佐渡島の最南端に位置し、江戸時代に北前船の寄港地として繁栄した小さな港町である。北前船の船主や船大工が多く住んでいたため、他の港町には見られない独特の家屋と町並みが特徴となっている。迷路のような路地を中心に板壁の民家や土蔵などが二百棟ほど軒を連ね、外観は簡素でありながら内部は漆塗りが施されるなど華やかに仕上げられている。佐渡の厳しい自然から人々の暮らしを守るように、長い年月を経た今もなお、毅然とした佇まいを見せる町並みである。

長野

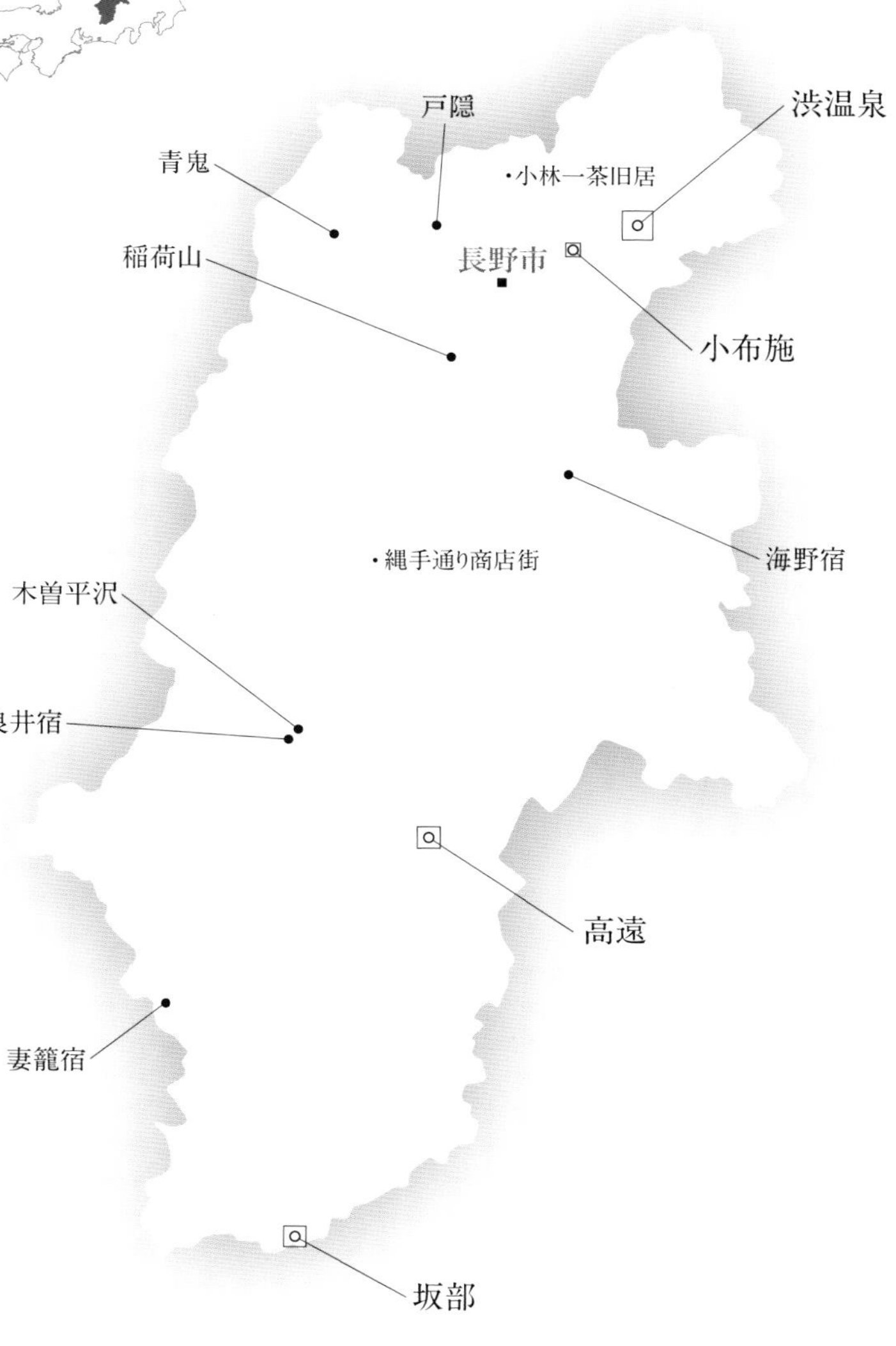

渋《しぶ》温泉（下高井郡山ノ内町）

開湯千三百年、時間旅行した気分になるレトロな温泉街

渋温泉は、長野県北部屈指の名湯群、湯田中《ゆだなか》渋温泉郷にある小さな温泉街である。言い伝えでは千三百年前に行基が発見したといわれ、戦国時代には武田信玄の隠し湯のひとつでもあった。信玄は川中島の戦いの際、傷ついた兵士たちを大勢ここで療養させたという。

何しろ、地面を掘ればすぐにお湯が出てしまうというほど湯量が豊富で、旅館三十五軒と外湯九カ所に対して、源泉の本数は三十七カ所もある。どの源泉も非常に高温で、六十度～九十度くらい。しかも源泉はそれぞれ泉質が異なっていて、褐色の湯、白く濁った湯、無色透明の湯など様々。効能も胃腸・湿疹・眼病・傷・痛風・神経痛・婦人病など、泉質によって違うらしい。温泉王国・長野にあっても、珍しい温泉地である。

この九つの外湯は昔から大切に守られてきた共同浴場で、地元の人たちが毎日利用

しているのだが、渋温泉の宿泊客にも解放されている。温泉街ではこれを「九湯めぐり」（正式名・厄除巡浴外湯めぐり）と名付けて宿泊客に勧めている。

タイムスリップしたような懐かしいレトロな街並みも、渋温泉の魅力だ。山間の温泉地らしい細長い路地に沿って、土壁に風雅な格子窓が並び、渡り廊下の欄干が二階に張り出している。開湯以来、湯治場として、また草津街道の宿場町として発展してきた街だけに、歴史を感じさせる風格のある家並みが続く。

これら大正から昭和にかけて建てられた多くの木造建築は、時代と顧客の求めに応じて増築や改築を繰り返してきたが、そのため複雑な構造となり、結果として独特の景観を生み出している。特に目を引くのは、江戸時代から営業している歴史の宿「金具屋」。昭和十一年建築の木造四階建ての宿泊棟「斎月楼」は、映画『千と千尋の神隠し』の湯屋のモデルになったといわれる。ジブリファンなら必見の歴史的建造物である。

ところで渋温泉には、温泉以外にも面白いものがある。浮世絵師の葛飾北斎は、実は川柳作家でもあったことをご存知だろうか。彼は晩年、近くの小布施《おぶせ》に長逗留したが、その記念に渋温泉では彼の川柳八十五編を句碑にして街に点在させている。

どれもクスリと笑える楽しい作品揃いだが、最後に私のお気に入りの一句を。

――団子屋の　夫婦喧嘩は　犬も喰ふ

北斎という人、素顔はきっと、ユーモラスで愛すべき性格だったに違いない。

渋温泉の歴史の宿「金具屋」。奥にあるのが『千と千尋の神隠し』の舞台となった斎月楼

 渋温泉

湯本旅館
湯本旅館

御宿
露天風呂
ひしや寅蔵

渋温泉こぼればなし

「地獄谷野猿公苑」——温泉につかるニホンザル

渋温泉から北東に車で十分ほど行くと、一〇〇度近い源泉が噴き上がる地獄谷噴泉がある。その奥にある野猿公苑は、冬場に温泉につかるニホンザルが見られることで知られる。厳冬期は一メートル以上の積雪があり、渋温泉からの車道は封鎖される。徒歩のみの不便な道のりになるが、『タイム誌』など海外の雑誌で紹介されたことから外国人観光客が増え、一時は国内外から年間約十万人が訪れるという一大観光地となった。

東日本大震災のあと海外からの観光客は激減したが、その後また少しずつ戻ってきているという。

温泉大国日本でも、温泉につかるサルが見られるのはこの地獄谷だけだが、ここのサルたちが温泉に入るのは、雪の降る日、寒さをしのぐためだと考えられている。寒い時に温かい温泉が気持ち良いのは、人間もサルも同じなのだろう。

私たちは夏場の七月に訪れたが、サルたちは温泉の中には入らず、口をつけて温泉水を飲んでいた。ここのサルたちはとてもおとなしく、決して悪さをしない。間近に寄って写真を撮っても、怖がりもせず、逃げもしない。

ここでは開苑以来観光客にエサやりを禁止し、職員のみがエサをやることで、観光客とサルの接触による事故を防ぎ、ヒトが危険でないことを教え込んできた。だからサルたちは観光客には無関心なのだという。

子猿に授乳する母猿、毛繕いをし合う夫婦猿、じゃれ合う兄弟猿等々、自然の中でのサルの生態を間近に観察できる、貴重な場所である。

地獄谷野猿公苑
住所：下高井郡山ノ内町平穏6845
電話：0269-33-4379
営業時間：9:00〜16:00
定休：無休
入苑料：大人 800円、こども400円

★渋温泉への行き方
長野電鉄湯田中駅よりバスで約7分渋温泉入口または渋温泉和合橋停留所下車
中央道信州中野ICより車で約3時間

著名人の旧宅を訪ねて

小林一茶旧宅
一茶終焉の家は土間と四畳間だけの暗い土蔵だった

一七六三年、北国街道《ほっこく》の宿場町柏原の農家に生まれた一茶は、三歳で母と死に別れ、その後継母との折り合いが悪く、十五歳で江戸に奉公に出された。二十歳頃から俳人となる道を志し、全国を行脚する中で、一茶調という句法を編み出し、生涯に二万句の俳句を詠んだといわれる。

父の死後、長年異母弟と遺産相続争いを続けたが、五十歳の時やっと決着がつき、柏原に戻ってきた。ここで家を建て、二度結婚し子供も生まれたが、一八二七年、六十五歳の時、柏原の大火に見舞われ家の母家を失ってしまう。その後、焼け残った土蔵に移り住んだが、その年の冬、その波乱の生涯を閉じた。

一茶終焉の土蔵が旧居として今も残されているが、土間と四畳ほどの狭い畳の部屋があるのみで、中は昼

間でも灯りがなければ真っ暗。常に弱者に優しい目を向けた一茶が、家庭には恵まれず、こんな暗い土蔵で淋しく生涯を終えたと思うと、人の世の無常を感じずにはいられない。

住所 上水内郡信濃町柏原49
入館料 無料

小布施《おぶせ》（上高井郡小布施町）

画狂人《がきょうじん》・北斎《ほくさい》が、晩年の大作を生み出した町

「栗と北斎の町」小布施を訪れたのは、二〇二〇年の初秋である。新型コロナの収束の兆しも見えず、しかも平日だというのに、町には観光客があふれていた。小布施町は長野県の北東に位置する人口約一万人の町で、県内で一番面積の小さい自治体だが、千曲川の東岸にあり、江戸時代から北信濃の商業の中心地として発展してきた。

小布施といえば栗、といわれるほど有名な小布施栗は、元々江戸時代初期に、町を流れる松川の治水と食料目的に、松代藩が栗の木の植林をしたのが始まり。年貢も栗で納めていたそうで、中でも最上の栗は「御献上栗」と呼ばれ幕府に献上されていた。駅前に、小布施に長逗留して多くの句を詠んだ小林一茶の句碑がある。

「拾われぬ　栗の見事よ　大きさよ」

真っ先に拾いたくなるような大きくて見事な栗は、献上栗なので庶民の口には入らない、という一茶らしい風刺の効いた一句である。秋の小布施は文字通り栗一色。食

POST CARD

料金受取人払郵便

小石川局承認

9109

差出有効期間
2021 年
11 月 30 日まで
(切手不要)

112-8790
127

東京都文京区千石 4-39-17

株式会社　産業編集センター
出版部　行

★この度はご購読をありがとうございました。
お預かりした個人情報は、今後の本作りの参考にさせていただきます。
お客様の個人情報は法律で定められている場合を除き、ご本人の同意を得ず第三者に提供することはありません。また、個人情報管理の業務委託はいたしません。詳細につきましては、「個人情報問合せ窓口」(TEL：03-5395-5311〈平日 10:00 ～ 17:00〉)にお問い合わせいただくか「個人情報の取り扱いについて」(http://www.shc.co.jp/company/privacy/)をご確認ください。

※上記ご確認いただき、ご承諾いただける方は下記にご記入の上、ご送付ください。

株式会社 産業編集センター　個人情報保護管理者

氏名《ふりがな》

(男・女／　　　歳)

ご住所　〒

TEL：　　E-mail：

新刊情報を DM・メールなどでご案内してもよろしいですか？	□可　□不可
ご感想を広告などに使用してもよろしいですか？	□実名で可　□匿名で可　□不可

ご購入ありがとうございました。ぜひご意見をお聞かせください。

■ お買い上げいただいた本のタイトル

ご購入日：　　　年　　月　　日　　書店名：

■ 本書をどうやってお知りになりましたか？

□ 書店で実物を見て
□ 新聞・雑誌・ウェブサイト（媒体名　　　　　　　　　　）
□ テレビ・ラジオ（番組名　　　　　　　　　　）
□ その他（　　　　　　　　　　）

■ お買い求めの動機を教えてください（複数回答可）

□ タイトル　□ 著者　□ 帯　□ 装丁　□ テーマ　□ 内容　□ 広告・書評
□ その他（　　　　　　　　　　）

■ 本書へのご意見・ご感想をお聞かせください

■ よくご覧になる新聞、雑誌、ウェブサイト、テレビ、よくお聞きになるラジオなどを教えてください

■ ご興味をお持ちのテーマや人物などを教えてください

ご記入ありがとうございました。

堂で栗おこわを注文し、カフェでモンブランを食べ、露店で売っている焼き栗をアチチと言いながら頬張る。栗三昧の一日を多くの観光客が楽しんでいる。

さて、小布施のもう一つの宝は、北斎である。

天保十三（一八四二）年、葛飾北斎は長いブランクの後、八十三歳で初めて小布施を訪れた。豪商高井鴻山《こうざん》に招かれたといわれ、鴻山が用意したアトリエを仕事場にしてこの後四回にわたり来訪し、九十歳で亡くなるまで数々の名画をここで描き上げた。

鴻山は豪商の家に生まれ、御用達商人となってこの地方一の資産家になった。子供の頃から学問を善くし、十五歳から京と江戸に遊学し、各界の第一人者から学問や芸術を学んだ。天保二（一八三一）年に北斎が「富嶽三十六景」を発表した時、鴻山もこれに魅せられ、翌年知人の紹介で二人は知り合う。

老画家は訪れるとアトリエで画作に専念していたが、鴻山は北斎を「先生」と呼び、北斎は鴻山を「旦那様」と呼んでいた。親しくとも互いに尊敬し合い、最後まで折り目正しい交流をしていたと伝えられる。

目抜き通りの中心にある「北斎館」には有名な二基の祭屋台の天井画や肉筆画、版画などが展示されている。北斎館を出て「栗の小径」と呼ばれる細い路地を行くと「高井鴻山記念館」がある。豪商でありながら書画の達人でもあった鴻山のさまざまな作品が展示され、また彼の書斎兼サロンだった「翛然楼《ゆうぜんろう》」は内部を見学することができる。

北斎館。北斎の肉筆画が数多く展示されている

名産の栗の木を敷き詰めた栗の小径

高井鴻山記念館にある鴻山の書斎「翛然楼」

北斎がよく腰掛けていたという「北斎の石」

大日通り
中町小径

電話
一五番

創業60年の桝一市村酒造場

岩松院。北斎が88歳から1年かけて描き上げた畳21畳分の天井画「八方睨み鳳凰図」が当時のまま残っている

おすすめランチ

●甘精堂御膳

小布施名物の栗おこわ、手打ちそば などが美味しい郷土料理レストラン。栗を使った和菓子で有名な桜井甘精堂の経営で、人気の甘精堂御膳は栗おこわと手打ちそば、天ぷら盛合わせなどボリュームたっぷりのメニュー。

「泉石亭」
上高井郡小布施町2460-1

高井鴻山記念館
住所：上高井郡小布施町大字小布施805-1
電話：026-247-4049
開館時間：9:00～17:00（7、8月は18:00まで）
定休：12月31日
入館料：大人300円、高校生150円、小・中学生以下無料

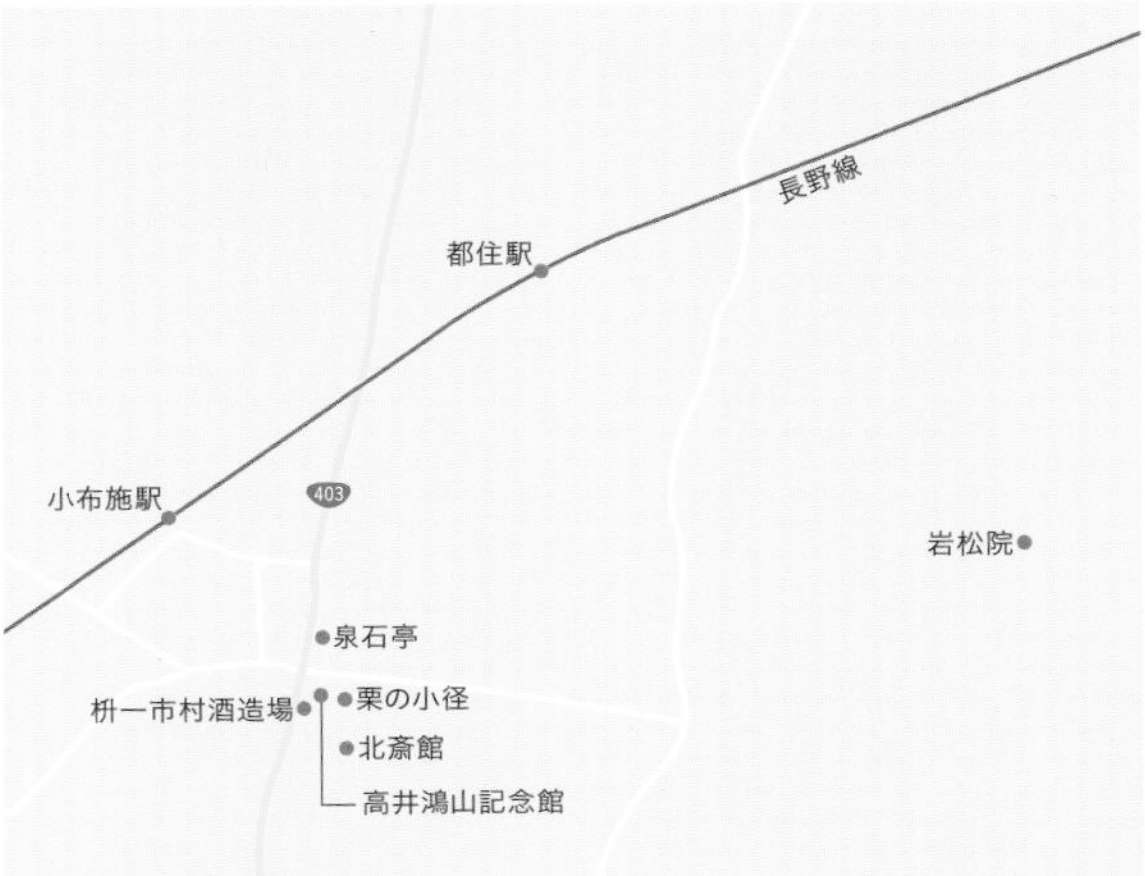

★小布施への行き方
長野電鉄長野線小布施駅下車
徒歩約10分

北斎館
住所：上高井郡小布施町大字小布施485
電話：026-347-5206
開館時間：9:00～17:00
定休：12月31日
入館料：大人1000円、高校生500円、小・中学生300円

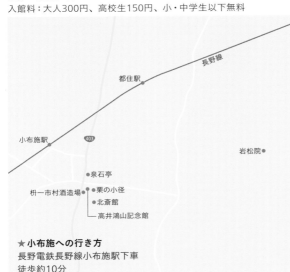

ノスタルジック商店街

縄手通り商店街（松本市大手）

川沿いに建ち並ぶ下町情緒あふれる商店街

松本城から徒歩五分、女《め》鳥《と》羽《ば》川《がわ》沿いに個性的な店がぎっしりと長屋風に並ぶ「縄手通り商店街」。「縄手」の名の由来は、松本城下整備の一環として外堀を開削した際、測量のためその計画線の外側に水縄を張り、女鳥羽川との間にできた細く長い土手を「水縄手道」と呼んだことから。

明治十二年に四《よ》柱《はしら》神社が建立され、縄手はその参道として発達してきた。当時から車両通行止め（現在も二十四時間歩行者天国）で、祭ともなればズラリと露店が並び、終戦直後には闇市が立った。二〇〇一年に全面改装され、往時の町並みを再現したノスタルジックな商店街になっている。

現在、五十軒の店が軒を連ね、通りの西側は花屋や雑貨屋、金物屋やおもちゃ屋などのショップが多く、東側はたこ焼き、鯛焼き、カフェ、食堂などの飲食店が並ぶ。東側の路地を入っていくと「ナワテ横丁」などの飲み屋街もあり、なかなかディープな雰囲気。女鳥羽川沿いに見える商店街の裏の風景もユニークでおすすめだ。

たい焼

高遠《たかとお》（伊那市高遠町）

大奥最大スキャンダルの主人公、無言の二十八年

伊那市高遠町は、南北朝時代から諏訪氏の一族である高遠氏の城下町である。高遠は諏訪から伊那への入り口にあり、武田信玄にとっては駿府・遠江《とおとうみ》を手に入れるための重要な拠点でもあった。そのためしばしば戦いを繰り返し、結局高遠氏が降伏して信玄の領地となった。その後、保科氏、鳥居氏の所領となり、内藤氏による高遠藩時代に明治維新を迎えた。

その内藤氏治世の正徳四（一七一四）年、江戸を揺るがすほどの大事件が勃発した。世に謂う「絵島生島事件」である。そしてここに高遠が関わることになった。

それは江戸城大奥で起きた。六代将軍家宣の愛妾月光院に仕え、大奥筆頭の大年寄として権勢をふるっていた絵島（当時三十三歳）は、月光院の代参として芝増上寺に詣で、その帰りに伴の者と一緒に山村座に立ち寄って芝居見物をした。その後、人気役者・生島新五郎を同席させて酒宴を開くが、ついつい宴が長びいてしまい、城の門限

に遅れてしまう。当時、大奥の女中たちの参拝後の芝居見物は慣習化しており、普通なら門限の遅刻も些細な出来事のはずだった。

ところがこれがなぜか大事件になる。すぐに評定が開かれ、絵島は生島新五郎との密会・情交を疑われて、即死罪を言い渡される。が、月光院の口添えで死一等を減ぜられ、高遠に遠流《おんる》（死ぬまで流罪）となった。判決はことのほか厳しく、生島は三宅島へ流罪、他に死罪を含め関係者千五百人が処罰される江戸城始まって以来の大疑獄となった。

歴史家の間では、この裏には家宣の正室天英院派と側室月光院派のいがみ合いがあり、またそれに伴う幕閣内の勢力争いもあったとみられ、絵島はその犠牲になったというのが定説になっている。いつの世も、政敵を追い落とすために醜聞を捏造するのはよくある手法だが、絵島たちにとっては、これが文字どおり命とりになったのだ。

高遠に移送された絵島は、最初非持村の囲屋敷に入れられたが、五年後に現在地に近い東高遠花畑に移された。そして六十一歳で死ぬまでの二十八年間をこの囲屋敷で過ごした。食事は朝夕二回で一汁一菜、酒や菓子は禁じられ、衣類は木綿のみという質素な暮らし。絵島はその間、ほとんど誰とも言葉を交わさず、何も書き残さなかったという。

現在、この囲屋敷は高遠城址公園に復元されている。大奥一の権力者だった絵島の、ここでの気の遠くなるような無言の二十八年――絵島は一体何を思って生きていたのだろうか。

上／復元された囲み屋敷の全景
下／窓や縁側には全て「はめ殺し」の格子戸が張りめぐらされていた

絵島囲み屋敷
住所：伊那市高遠町東高遠（高遠町歴史博物館に併設）
開館時間：9：00～17：00
博物館休館日：月曜、祝祭日翌日
博物館入館料：400円

囲み屋敷内の八畳ひと間が絵島に与えられていた

最初に囲み屋敷が作られた非持村の屋敷跡。今は公園になっている

高遠城址公園の問屋門

高遠こぼればなし

「集落を守る石仏群」
――守屋《もりや》貞治《さだじ》と高遠石工《いしく》たち

江戸時代、高遠は石工の里として全国に知られていた。「高遠石工」と呼ばれた彼らは、元禄の初め（一六八八〜）頃から全国各地に出張し、石仏や石塔などさまざまな石造物を造った。当時は民間信仰の盛んな時代で、礼拝の対象として求められていたのだ。また石工の給金は大工などに比べて高く、高遠藩が出稼ぎ税の収入アップを狙って「旅稼ぎ石工」を奨励したので、高遠には数百人もの石工がいたといわれている。

その中でも稀代の名工と呼ばれたのが守屋貞治である。貞治は二十歳から修行を始めて六十八歳で亡くなるまで、一都六県で三三三体の名作を残した。「東洋のミケランジェロ」とも呼ばれ、一本のノミで、石の像をこれほど優美に繊細に彫り出せるのは守屋貞治だけ、と現代の研究者の間でも非常に評価が高い。

諏訪から高遠に至る杖突街道沿いには、各集落の入口に、まとまった数の石仏群が見られる。

これらは住民たちが、集落内の石造物を集めて置いたものだ。高遠石工たちがふるさとに残したなつかしい大小の野仏たちは、今も集落の人々を見守っている。

守屋貞治作「不動明王像」

おすすめランチ

●高遠そば

三種類のそば粉によるざるそばだけを提供するこだわりの店の看板メニュー。焼き味噌と辛味大根のつゆで食べる高遠そばは、地域に300年伝わる家庭の味だ。

「高遠そば ますや」
伊那市高遠町東高遠1071

★高遠への行き方
JR飯田線伊那市駅よりバスで約25分JRバス関東高遠駅下車
中央道伊那ICより車で約25分

坂部《さかんべ》（下伊那郡天龍村坂部）

峡谷の隠れ里は、熊谷直実《くまがいなおざね》の子孫が住む同族集落

下伊那郡天龍村は長野県の南端にあり、村の南側は愛知県と静岡県に接している。村の面積の九割以上が山林で、中央を南北に流れる天竜川とその支流が深いＶ字渓谷を作り、そこに小さな集落が点在する。

ここで紹介する坂部も、その峡谷の急斜面にへばりつくように民家が並ぶ小集落だ。かつては二十戸以上あったそうだが、今では十戸に満たない過疎集落である。山に囲まれ完全に周囲から隔絶されたこの隠れ里、実は源氏の武将・熊谷直実の子孫、熊谷貞直が主の足利尊氏の不興を買って追われ、この地にたどり着いて開いた村である。

熊谷直実は、平家物語の登場人物の中でもとりわけ人気のある、勇猛果敢な武将である。「一ノ谷の戦い」で敵将・平敦盛を討ち取るが、相手が自分の息子と同年代のまだ子供であったことを知り、世の無常を感じ、のちに出家する。

この直実から三代あとの直重の娘・常盤が、新田義貞の側室となって男子を産んだ。

これが坂部の熊谷家の初代貞直である。時は南北朝動乱の真っ只中。この頃は、戦いに敗れた落人たちがあちこちに隠れ里を作ったが、坂部の熊谷家はその中でもちょっと珍しい源氏の落人である。坂部だけでなく、近くのいくつかの集落にも熊谷家は残っており、この辺りはいわゆる熊谷家の同族集落なのだ。

坂部は昔は「左閑辺」と書いた。由来は平安時代末期、源義仲（木曽義仲）がここを通った際、左善と阿閑という老夫婦の家に泊めてもらったことから、二人の名前をとって「左閑辺」と命名したという。貞直がここに定住したのも、そんな源氏との関わりを持つ場所だと知っていたからだとも言われている。

ところでこの小さな集落は、あることから民俗学界でつとに有名になった。それは、民俗学者の柳田國男が、優れた野武士文学と評価した『熊谷家伝記』だ。南北朝時代の一三五二年、貞直が坂部の開拓を始めた時から江戸末期までの、四百年以上に及ぶ熊谷家の記録で、中世の山村史として非常に貴重なもので、今も大切に保存されている。

また坂部では、現在も毎年一月四日に「坂部の冬祭り」という中世から伝わる祭りが行われる。坂部は残念ながらすっかり過疎化が進み、高齢者ばかりになってはいるが、住民たちは今も古い伝承や行事を大切に守り続けている。中世のロマンを感じさせるこうした素晴らしい伝統を、これからも出来る限り長く続けて欲しいと願ってやまない。

エメラルド色の水を湛える天竜川

坂部集落の入口

福島小学校坂部分校の跡。今は地元のコミュニティ施設になっている

★坂部への行き方
JR飯田線中井侍駅下より車で約10分

祭

坂部の冬祭り（さかんべのふゆまつり）

約五百年の歴史を持つといわれる坂部の冬祭りは、天龍村を代表する霜月神楽のひとつで、国の重要無形民俗文化財に指定されている。

毎年正月四日の夕方から五日にかけて行われるこの祭り。様々な舞や湯立ての儀式などが続いていく中、明け方の面形の舞でクライマックスを迎える。まさかりを持った赤鬼が登場し、宮人が持つ松明をまさかりで斬る「たいきり面」だ。無病息災を願う古からの村人の思いが伝わってくる神聖な祭りだ。

開催時期　毎年1月4日〜5日
開催場所　大森山諏訪神社

写真提供：南信州民俗芸能継承推進協議会

長野市戸隠《とがくし》（宿坊群・門前町）

平成29年2月23日

戸隠の保存地区は、戸隠神社が寺院だった頃にできた宿坊群と門前町が対象となっている。山岳修験と深く結びついた戸隠信仰を背景とし、標高一〇〇〇メートルを超える高地に生まれ発展した信仰集落で、江戸時代頃からの地割りがよく残っている。社殿への参道沿いに大規模な宿坊が建ち並び、その周囲に農家や商家などの門前町が広がっている。保存地区内には江戸時代中期頃からの茅葺屋根の家屋も数多く残されており、しっとりとした信仰集落の雰囲気は今も色濃く漂っている。宿坊群としての選定は全国で初めてで、宿坊は今も宿泊や食事ができるところがある。

戸隠神社宝光社

重要伝統的建造物群保存地区

白馬村青鬼《あおに》（農村）

平成12年12月4日選定

青鬼集落は、三〇〇〇メートル級の北アルプスの麓、白馬村の北東部にひっそりと佇む農村集落である。ここには、江戸から明治にかけて建てられた大規模な茅葺民家十四棟が、傾斜地にほぼ三日月状に二段に並んでいる。また、その周囲には、江戸時代に掘削された用水路によって育まれた約二百枚の広大な棚田が広がり、「日本の棚田百選」にも選ばれている。青鬼は、歴史的な農山村景観を今に伝える貴重な集落として、棚田や水路を含む約六十ヘクタールの範囲が重伝建に選定されている。

重要伝統的建造物群保存地区

千曲《ちくま》市稲荷山（商家町）

平成26年12月10日選定

稲荷山は一五八二年、稲荷山城の築城に伴って形成されたが、一五九八年の廃城後、北国西往還（善光寺街道）の宿場町としてにぎわった。一八四七（弘化四）年の善光寺地震とそれに伴う火災により、町は壊滅的な被害を受けるが、その後復興を遂げ、生糸や繊維製品の集散地となり、北信濃有数の商業地として発展した。街の中央を街道が貫き、江戸時代からの水路や地割りをよく残しており、分厚い壁を軒まで塗り上げた重厚な家屋に混じって茅葺き屋根の家屋も併存し、多様な形式の家々が混在することが町並みの特徴になっている。

40

重要伝統的建造物群保存地区

東《とう》御《み》市海《うん》野《の》（宿場・養蚕町）

昭和62年4月28日選定

海野宿は一六二五（寛永二）年、北国街道の宿駅として開設され、伝馬屋敷五十九軒、旅籠屋二十三軒を有し、大変なにぎわいを見せていたという。出桁造《だしげたづく》りの旅籠屋が建ち並び、表格子は「海野格子」と呼ばれるユニークな格子戸がしつらわれている。明治時代になると宿場機能は失われ、本陣や脇本陣も衰退したが、多くの家々は広い部屋を生かして養蚕・養種業を始めた。そのため旅籠屋の建物はそのまま残された。江戸時代の旅籠屋造りの建物と、明治大正期の堅牢な蚕室造りの建物がよく調和した美しい町並みである。

海野宿
文部科学省

重要伝統的建造物群保存地区

塩尻市奈良井（宿場町）

昭和53年5月31日選定

奈良井宿は、中山道鳥居峠の麓にある宿場町。木曽十一宿の中では最も標高が高く、難所の鳥居峠を控え「奈良井千軒」とうたわれて大いににぎわった。長野県でも屈指の歴史的建造物が数多く残る場所で、長野有数の観光スポットでもある。街道沿いに建ち並ぶ町家は、どれも敷地の間口いっぱいに建っているため、隣同士の庇が一直線に並んでいるように見える。二階部分が一階より張り出した「出梁《だしばり》造《づく》り」が多いのも特徴。手厚く保存してきた甲斐あって町並みの美しさは出色。レストランや土産物屋なども多く、訪れる人を楽しませてくれる。

松屋茶房

五平餅
だんご

重要伝統的建造物群保存地区

塩尻市木曽平沢（漆工町）

平成18年7月5日選定

奈良井宿に連なるように中山道沿いに開けた木曽平沢は、江戸時代から木曽漆の什器の日本有数の生産地として繁栄してきた。今も漆器業者は一〇〇軒を超え、街道沿いには漆器店が軒を連ね、現在も日本を代表する漆器の町である。漆器工房の家屋は、街路に面して主屋を建て、中庭を通って漆塗りの作業場である漆蔵を配している。これは漆器業ならではの特色ある造りで、歴史的風致をよく今に伝えている。

丸豊漆器店
丸豊

重要伝統的建造物群保存地区

南木曽町妻籠宿《なぎそつまごじゅく》（宿場町）

昭和51年9月4日選定

中山道は、山深い木曽路を通ることから、別名木曽街道とも呼ばれていた。木曽十一宿の宿場妻籠宿は、中山道と伊那道が交差する交通の要衝として、古くからにぎわっていた。妻籠宿の特徴は、残された歴史的建造物だけでなく、周辺の自然景観も背景として捉え、借景の概念を折り込んでいる点だろう。妻籠は明治になって宿場としての機能を失い、衰退の一途を辿ったが、やがて昭和の高度経済成長の中、江戸時代の宿場町の姿を色濃く残している町並みが見直され、全国に先駆けて町並み保存運動が起きた。町の人々は家や土地を「売らない、貸さない、壊さない」の三原則を守りながら、貴重な歴史的家並を後世に伝えている。

妻籠宿御本陣

山梨

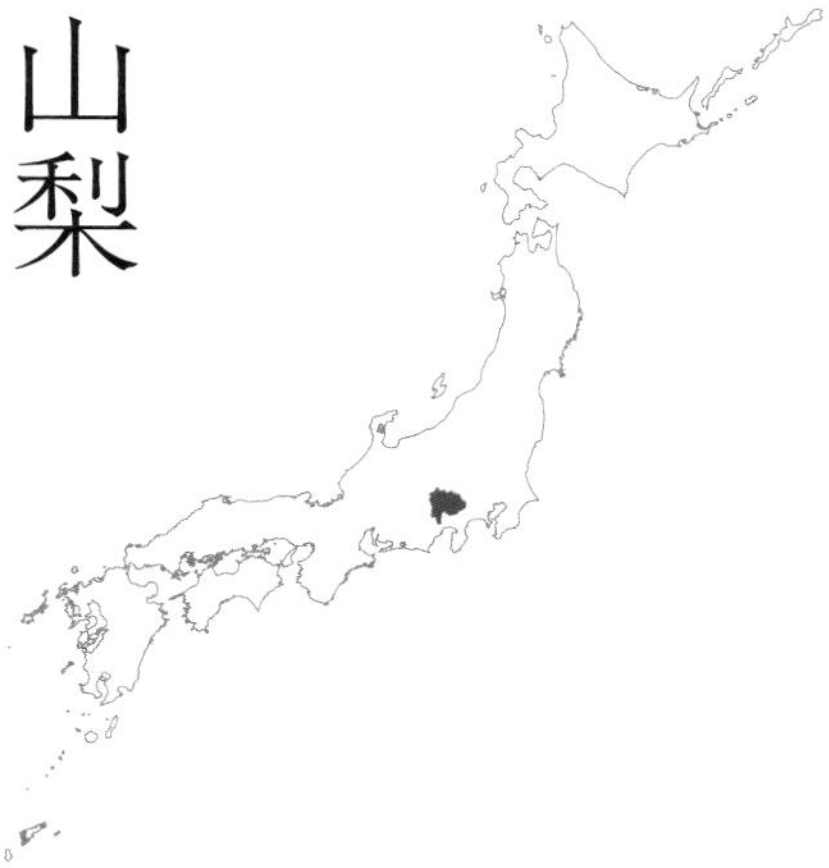

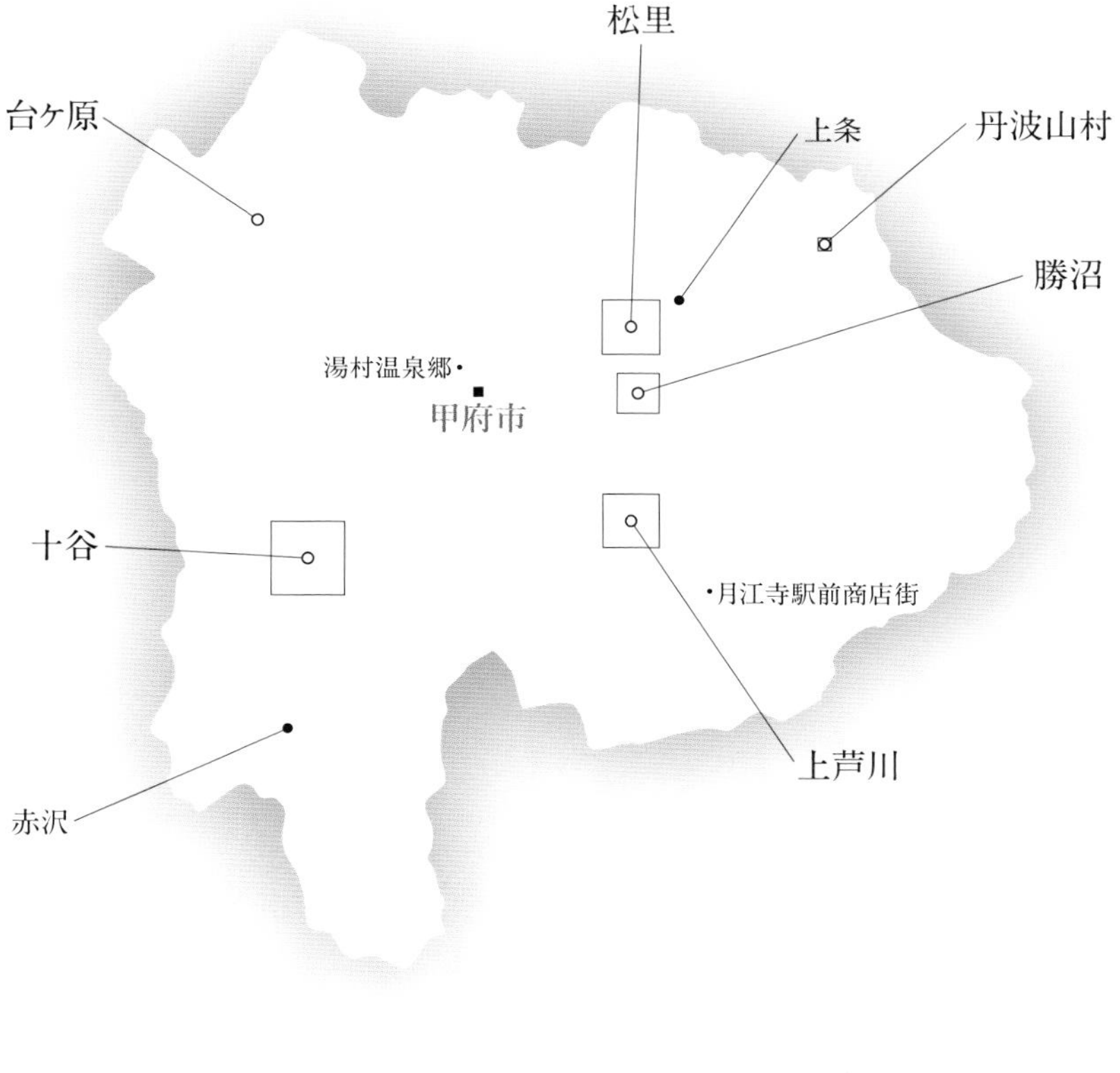
松里
台ヶ原
上条
丹波山村
勝沼
湯村温泉郷
甲府市
十谷
月江寺駅前商店街
赤沢
上芦川

上芦川《かみあしがわ》（笛吹市芦川町上芦川）

兜造りの古民家とニホンスズランの村

春の訪れを知らせる花として知られるスズラン。葉陰に花を咲かせる姿から君影草《きみかげそう》とも呼ばれ、その可憐な白い花は多くの人を魅了する。一般的に目にするスズランは、そのほとんどがドイツスズランとよばれる品種で、日本原産のニホンスズランは栽培が難しいために、市場にはほとんど出回らない。さらに自生するニホンスズランとなると、見られるのは日本国内でもごく限られた場所になる。その一つが笛吹市芦川町の上芦川にある。

上芦川は、二〇〇六年に笛吹市への合併によって消滅した旧芦川村の集落の一つで、新井原《あらいばら》、中芦川、鶯宿《おうしゅく》の三つの集落とともに芦川村にあった。芦川町となったいまもなお人の流出は続き、町全体でも人口は五百人程度。上芦川を含む四つの集落は、いわゆる限界集落になりつつある。

そんな上芦川が、一年でもっともにぎわいを見せるのがニホンスズランの開花期だ。

上芦川には本州随一の群生地があり、五月下旬から六月上旬の開花シーズンになると全国からこのスズランの花を見に多くの人がやってくる。黒岳《くろたけ》と釈迦《しゃか》ヶ岳《がたけ》の谷間、標高一三〇〇メートル、二・六ヘクタールの敷地に約二百六十万本のニホンスズラン。群生地内は遊歩道が整備されていて、ゆっくりと歩きながらスズランを楽しむことができる。幻想的な白樺の森の中に、小さな白い星のようにきらめくスズランの花は一見の価値ありだ。

　このスズランの群生地から車で十五分ほど西に移動したところが、上芦川の中心部となる。山を切り開いた斜面には、石垣が積まれた畑が幾重にも重なり、その間にポツリポツリと古民家が点在している。もうすでに朽ちかけた家もあるが、いくつかの兜造りの家はしっかりと残っており、なつかしい山の村の風景を見せてくれる。

　なかには、カフェとして再利用されている古民家もあった。聞くところによると芦川に惚れ込んだ方が開いたカフェだそうで、この集落を訪れた人の憩いの場になっているらしい。そうした村に魅入られた人たちと地元の人々が、上芦川に人が戻ってくるように村おこし活動を続けているという。

　石垣の段々畑と兜造りの古い家、そして自生するニホンスズランの群生地――スズランの花言葉は「再び幸せが訪れる」。この花言葉のように、上芦川にも再び多くの人が戻ってくることを願わずにはいられない。

2011年に改修され、大切に保存されている古民家「藤原邸」

★上芦川への行き方
富士急行線河口湖駅よりバスで約
30分すずらんの里入口下車

勝《かつ》沼《ぬま》（甲州市勝沼）

たわわに実る葡萄を見ながら過ごすひととき

古くは武田氏の所領として栄えたのが勝沼である。武田信玄の父である武田信虎《のぶとら》の弟・信友《のぶとも》が居を構え、在所名のまま勝沼氏を名乗ったといわれる。戦国時代にはほぼ現在の町割りができていたらしい。江戸時代になると甲州街道の宿場町・勝沼宿としてにぎわいを見せる。多くの人が往来し、最盛期には本陣一、脇本陣二、旅籠二十三軒を擁する宿場となった。

今では多くの人が勝沼といえばブドウやワインを連想するだろうが、ブドウ栽培の歴史はそれほど古くはなく、本格的にブドウが栽培され始めたのは、江戸時代の後期だったといわれている。しかも行われていたのは勝沼の一部で、現在のように町全域にブドウ畑が広がっていたわけではない。明治初期、国が掲げた殖産興業を契機としてブドウ栽培が奨励され、さらにワイン醸造技術も広がり、勝沼はブドウとワインの大産地として知られていくようになる。現在、勝沼には三十以上のワイン醸造所があり、その生産量は日本全国のほぼ四分の一にあたる。

勝沼の町に入り、旧甲州街道沿いの上町あたりに残る古い家屋や土蔵を見ながら、北へ曲がってゆるい坂道を上っていく。道の両側にはたくさんの観光ブドウ園が並び、ふりかえれば幾重にも広がるブドウ畑を見ることができる。さらに上ったところにある勝沼ぶどうの丘に行けば、眼下に広がるブドウの里の風景を堪能できる。たわわに実るブドウを見ながらゆっくりと歩くひとときは、日常では得られない楽しみをもたらしてくれる。

ところで、なぜ勝沼でブドウ栽培が始まったのか。諸説あるが、なかでも一番有名なのが僧・行基《ぎょうき》の話。甲斐の国を訪れて、勝沼で修行していた行基が、満願の日に見た夢の中に、ブドウを手にした薬師如来が現れる。行基はその夢を喜び、夢の中に現れた薬師如来と同じ薬師像を刻んで寺に安置。さらに村人たちにブドウの作り方を教えるようになり、それが勝沼の甲州ブドウの始まりだといわれている。

行基が薬師像を安置した寺、大善寺《だいぜんじ》は〝ぶどう寺〟という名で地元の人々に親しまれている。

POST

養老2(718)年に開創された大善寺。
甲州ぶどうの発祥の地とされ「ぶどう寺」とも呼ばれている。

★勝沼への行き方
JR中央本線勝沼ぶどう郷駅から徒歩約15分
中央道勝沼ICから車で約5分

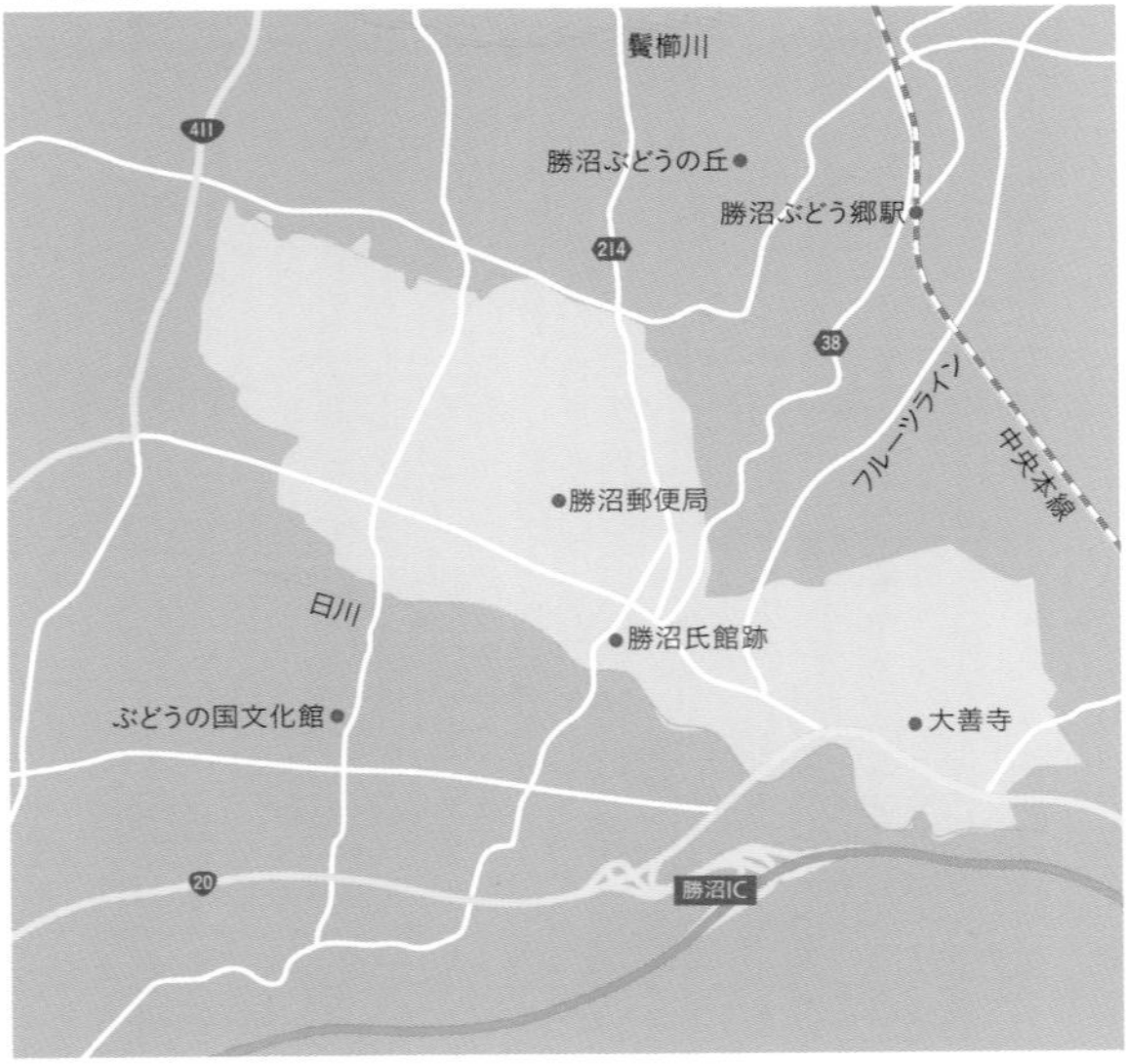

勝沼ぶどうの丘
住所：甲州市勝沼町菱山5093
電話：0553-44-2111

ぶどうの国文化館
住所：甲州市勝沼町下岩崎1034-1
電話：0553-44-3312
営業時間：9:00〜17:00
定休：月曜日（祝日の場合、翌日休み）

藤切り祭り（ふじきりまつり）

ワインの里として知られる勝沼にあって、当地のぶどう栽培の起源にもゆかりが深い大善寺。この大善寺で毎年五月に行われるのが藤切り祭りだ。大蛇に見立てた藤の蔓を神木に吊るし、修験者の装束をまとった僧が切り落とす。落ちた蔓を若者たちが争奪し、手に入れた者は一年、無病息災の御利益があるといわれる。修験道の開祖、役行者の大蛇退治伝説に由来する勇壮な祭りだ。

開催時期　毎年5月上旬
開催場所　大善寺

写真提供：甲州市教育委員会

やまなし雑話

昭和の文豪たちにも愛された信玄の隠し湯

——湯《ゆ》村《むら》温泉郷

信玄の隠し湯——後世の人が言い始めたことなので、真偽のほどは定かではない。ただ、歴史ファンならずとも武田信玄が入湯した温泉と聞けば、ちょっと立ち寄ってみたくなるのではないだろうか。

そんな信玄の隠し湯と呼ばれる温泉が山梨県内には数多く存在する。その中で、甲府駅から車で十五分ほどと交通至便の場所にあるのが「湯村温泉郷」である。

歴史は古く、八〇八年、弘法大師が東北巡行の帰りにここに立ち寄り開湯したといわれている。戦国時代には、武田氏の本拠となった躑躅《つつじ》ケ《が》崎《さき》館（現・武田神社）に一番近く、信玄はもとより傷病兵の療養に頻繁に使われていたそうだ。

新田次郎の小説『武田信玄』に、「志磨の湯」として描かれている。

昭和に入ると、井伏鱒二や太宰治などの文豪たちも足繁く通い、文壇サロン的な役割を果たした温泉でもあった。

現在の湯村温泉には、往時のにぎわいも華やぎもない。宴のあとのような侘しさがある。だがそれが逆に、訪れる者に心地よい落ち着きと郷愁をもたらし、世間の喧騒から遠く連れ去ってくれるような気がする。

台《だい》ヶ《が》原《はら》（北杜市白州町台ヶ原）

古《いにしえ》の宿場歩きを楽しめる小さな町並み

台ヶ原は甲州街道の宿場町として栄えた。最盛期には本陣、脇本陣に十四の旅籠があり、一五三軒の家が建ち並んでいた。明治以降、鉄道の普及などによって宿は衰退したものの、街道沿いに残る商家の建物が、往時のにぎわいを今に伝えている。

その中でひときわ目をひくのが、北原家住宅である。北原家は一七四九（寛延二）年、現在の長野県伊那市高遠町から移り住み、酒造業を創業したのが始まりである。南アルプスの恵みである白州の水を生かした酒造業は大きく発展し、幕末には諏訪高遠藩の御用商人にまでなった。現在は山梨銘醸として全国的に知られる名酒「七賢《しちけん》」などをつくっている。

北原家住宅以外にも、生信玄餅で有名な老舗和菓子店「金精軒《きんせいけん》」や旅籠や問屋場など、江戸時代の風情が残る建屋が軒を連ねる台ヶ原。南アルプスを借景にした街道をのんびりと歩けば、遠い昔の宿場のにぎわいが目の前に蘇ってくる。

金精軒
信玄餅

七賢 大中屋 北原家住宅
住所：北杜市白洲町台ケ原2283
電話：0551-35-2236
営業時間：9:00〜17:00
定休：元旦のみ

自由に見学できる北原家住宅（山梨銘醸）の屋内

★台ケ原への行き方
JR中央本線韮沢駅よりバスで約30分
台ケ原上下車

十谷《じっこく》（南巨摩郡富士川町十谷）

源氏山に抱かれた温泉と渓谷の村

南巨摩郡富士川町に、源氏山という山がある。南アルプス山系で山梨百名山の一つに選ばれているこの山は、その山名が示すとおり、甲斐源氏の祖である源 義光《みなもとのよしみつ》が砦を築いた山だという言い伝えが残っている。ちなみに、源義光、別名新羅三郎は平安時代後期に活躍した名将で、その子孫たちが常陸国から甲斐国に移り住み、甲府盆地一帯に本拠を築いて甲斐源氏と呼ばれるようになったといわれる。

この源氏山の南麓に抱かれるようにひっそりとあるのが十谷集落である。富士川の支流である大柳川《おおやながわ》流域の丘陵地に位置し、十の渓《たに》が集まって大柳川となることから、十谷という地名になったという。源義光が居を構えたという説もあるこの山岳集落、たしかに家が山の斜面にへばりつくように広がっているのを見ていると、砦としては最適な場所だったかもしれない。

深く切り込んだ大柳川渓谷が秘境の雰囲気を醸し出す十谷。今でこそ、集落内に小さな駐車場もあり車で来ることができるが、まだ交通手段が発達していなかった頃、この集落に来ることは至難なことだったにちがいない。それでもこの地に人を向かわせたのは、良質な温泉が湧き出ていたからである。もともと古くから温泉は湧いていたといわれているが、昭和三十年代以降、次々と温泉が掘削されて開湯。多くの人が足を運ぶようになった。

そのせいだろうか、山岳集落ではあまり見ない町家建築の町並みがいまも残っている。集落の中心部には石畳の道があり、その両側には古い木造家屋が軒を連ねている。坂の道をのぼる途中には、片入母屋屋根《かたいりもややね》の民家や白壁土蔵などが点在。聞くところによれば、江戸時代には林業で栄えたというこの集落。これまでに何度かあったにぎわいの時をわずかながらうかがい知ることができる。

現在、十谷は温泉と大柳川渓谷の観光拠点となっている。特に、秋の紅葉シーズンには渓谷の美しい紅葉に誘われるように、たくさんの観光客が訪れる。だがそのシーズン以外、この集落を訪れる人はほとんどいない。そんなときにこそ、この集落に一度足を運んでみてほしい。斜面にへばりつくように建つ家々の間を、ゆっくりと時間をかけて登りつめれば、遠く眼下に広がる南アルプスの山々を見ることができる。静かに、眼前に迫って来るその風景は、この上なく美しい。

十谷鬼島線
起点
Origin

男
ゆ
MEN

★十谷への行き方
JR中央本線甲府駅よりバスで約50分鰍沢営業所よりバスで約30分十谷入口下車

松里《まつさと》（甲州市塩山松里）

鮮やかな夕陽色の簾をまとう干し柿の里

古《いにしえ》の風情を今に伝える古寺や古民家が数多くあることから、甲州の鎌倉ともいわれる塩山《えんざん》。この塩山の中でもひときわ深い歴史をもつのが松里地区である。武田信玄の菩提寺となっている恵林寺《えりんじ》や武田家と縁ある放光寺《ほうこうじ》など、見応えのある寺が往時のままに残っている。

だが、松里地区の名を広く知らしめているのはそればかりではない。「枯露《ころ》柿の里」――そう、十一月ともなれば干し柿のカーテンが民家の軒先につり下げられ、里全体を朱赤色に染め上げるのだ。

もともと柿の産地であり古くから干し柿をつくってきた松里地区だが、現在のように量産されるようになったのは武田信玄の奨励によるものといわれている。陣中食としても重宝されていた干し柿を増産するために、美濃国から蜂屋《はちや》柿を移植して増産したらしい。現在は「甲州百目《こうしゅうひゃくめ》」という品種が使われており、柿一個の重さが「百《ひゃく》匁《もんめ》」（約三百七十五グラム）あることからその名がついた。

良い干し柿をつくるには、気温が高く湿度が低いことが必要。昼と夜の寒暖差が大きく、風が強過ぎないことが肝要となる。松里地区は、地形が南にゆるやかに傾斜しており、さらに西側を流れる笛吹川が夜間に適度な湿度を与える。良い干し柿をつくる条件が見事に揃っていたというわけだ。結果、松里の枯露柿は江戸時代の甲斐国の特産果物を示す「甲州八珍果《こうしゅうはっちんか》」の一つに選定され、幕府に献上されるほどの名物となった。以来、枯露柿は塩山松里地区の名物であり続けている。

ちなみに枯露柿の語源は、農家の庭先に皮をむいた柿を並べて乾燥させるときに、柿全体に天日があたるようにコロコロ位置を変えることからその名がついたといわれている。

恵林寺の近くにある岩波農園では、昔ながらの方法で枯露柿を干している風景を目にすることができる。鮮やかな枯露柿の簾を堪能したあとは、ぜひ恵林寺周辺の小道を歩いてみるといい。道の両側には広い敷地の屋敷が点在し、その軒先には朱赤色の柿がぶら下がる。隣の家にも、またその隣の家にも枯露柿の簾がある。夕日を浴びて時折風に揺れるその簾の向こうには、懐かしい里の風景と秋の青空が広がっていた。

大神

干し柿のカーテンが美しい甘草《かんぞう》屋敷
(旧高野家住宅)。江戸時代に漢方の
「甘草」を栽培したことが名前の由来

旧高野家住宅 甘草屋敷
住所:甲州市塩山上於曽
電話:0553-33-5910
営業時間:9:00〜16:30
定休:火曜日(祝日の場合は開館)、祝日の翌日、年末年始(12月28日〜1月4日)
入館料:個人 大人310円/小人・学生200円　団体 大人200円/小人・学生100円

おすすめランチ

●和牛のハンバーグ

日本庭園を眺めながら味わう創作フレンチの店。ランチコースは2種類で、お手軽な「花」コースはサラダ、スープ、パンとメインにデザートとコーヒーがつく。この日のメインは特製ソースの和牛ハンバーグ。

「**フレンチダイニング竜**」
甲州市塩山赤尾595-1

★松里への行き方
JR中央本線塩山駅よりバスで約10分
恵林寺下車

ころ柿の里 岩波農園
住所：甲州市塩山小屋敷1579-1
電話：0553-33-9585
営業時間：8:00〜17:00
定休：無休

丹《た》波《ば》山《やま》村

（北都留郡丹波山村）

山々に囲まれひっそりと息づく清流の村

旅をしていると、こんな村があったのかと驚くことがある。山梨県のはずれ、東京と埼玉の県境近くにある丹波山村もそんな村の一つだ。人口約五百人。関東圏の村では一番人口が少ない。

だが歴史は古い。江戸時代に、青梅を経由して東京の新宿と山梨の甲府を結んでいた青梅街道。丹波山村は、その街道の宿場町として栄えていたという。今、往時のにぎわいを伝えるものは何も残っていないが、三百年以上続く村の祭りにその歴史を感じることができる。

青梅街道に沿うように流れる丹波川を見ようと河原へ向かう。途中に、かどや旅館という宿があった。聞けば、創業百以上の老舗旅館で、今も、渓流釣りに訪れる客の多くが利用するらしい。丹波川の水は驚くほど冷たく、そして澄みきっていた。

街道に戻り、村の中心である丹波地区を歩く。ゆるやかに曲がる坂道を歩いていると、向こうから一台の路線バスがやってきた。この村に電車は通っていない。バスが唯一の公共交通手段だが、本数は少ない。ひとつ逃せば、次のバスが来るまで相当な時間待たなければならない。バスはバス停に止まった。そのバスに乗り遅れまいと、一人の老人が急ぎ足でバス停を目指す。だが、無情にもバスは走り出した。「ちょっと待って〜」。閑かな村に、老人の声が響き渡った。その声が届いたのだろうか。バスは数十メートル進んで停まり、老人は無事にバスに乗り込むことができた。

山梨県のはずれにある小さな村、丹波山村。特筆すべきものは何もないけれど、手づかずの自然とゆっくりと流れる時間が、この村の財産なのだと気づくまでに、それほど時間はかからなかった。

丹波山食堂

かどや旅館

おすすめランチ

●ざるそばとじゃが天

そばやカレー、丼物などを取り揃えて地元住民に愛される食堂。丹波山村名産のじゃがいもを使ったじゃが天は、いもの甘みを堪能できる素朴な一品だ。

「やまびこ食堂」
高市郡高取町上土佐57

★丹波山村への行き方
JR青梅線奥多摩駅よりバスで約50分丹波役場前下車

かどや旅館
住所：北都留郡丹波山村2583
電話：0428-88-0247

丹波山村 郷土民俗資料館
住所：北都留郡丹波山村高尾1063
電話：0428-88-0170
開館時間：9:00～16:00（土曜日・日曜日・祝日のみ営業）
定休：冬季閉館（12月～3月）
入館料：無料

ノスタルジック商店街

月江寺《げっこうじ》駅前商店街（富士吉田市下吉田）

懐かしさをもとめて人々が集う昭和レトロ商店街

富士急行大月線の月江寺《げっこうじ》駅から歩いて五、六分。古い商店や飲食店が点在している下吉田三丁目界隈に月江寺大門商店街がある。近くにある月江寺が名前の由来になっている。

商店街とは言うものの、それらしい華やぎはまったく感じられない。ただ、歩いているだけで懐かしい気分になってくるから不思議だ。まさに、昭和の空気がそのままここに残っていると言えようか。特に「月の江書店」や「カフェ月光」の建物は、その佇まいも含めて見る者をノスタルジックな気分に浸らせてくれる。

隣接する絹屋町《きぬやまち》には、織物産業で栄えた富士吉田の姿を今に伝える家屋が残っている。商店街につながる西浦通りとよばれる路地には怪しげな雰囲気の飲食店が軒を連ねている。残念ながら地方の多くの商店街と同じように、日中はほとんど人気《ひとけ》がない。だが、日が落ちる頃になると、月江寺大門商店街あたりには、多くの人が昭和の懐かしさを求めてやってくる。

月江寺大門商店街
びんど

月の江書店

お買い物は
月江寺大門商店街
水上山月江禅寺

重要伝統的建造物群保存地区

甲州市塩山下小田原上条《かみじょう》

（山村・養蚕集落）

平成27年7月8日選定　甲州市塩山下小田原

甲府盆地の北東部にある上条集落は、かつて養蚕を主産業としていた山村集落である。もともと甲府盆地では養蚕が盛んで、茅葺切妻造の家屋が広く分布していた。しかし、上条のように一つの集落内でまとまって残っている例は極めて稀であり、伝統的な茅葺切妻造主屋や蚕室がしっかりと保存されている。特徴的な「突き上げ屋根」は明治時代になって増設されたもので、いかに養蚕が盛んだったかを物語っている。集落の中心にある観音堂を囲むように家が建ち並ぶ集落の風景は圧巻である。

重要伝統的建造物群保存地区

早川町赤沢《あかざわ》（山村・講中宿）

平成5年7月14日選定　南巨摩郡早川町

赤沢は、日蓮宗の総本山である身延山《みのぶさん》と同じく日蓮宗の霊山である七面山《しちめんさん》とを結ぶ参道の宿場として栄えた歴史をもつ。江戸初期、七面山の女人禁制が解かれて身延講などが盛んになると、七面山への参拝者が増えた。さらに大正から昭和期にかけては身延線の開通によって参拝客が急増し、赤沢宿も隆盛をきわめた。しかし、交通機関の発達などによって、昭和三十年代から宿の利用者は激減。今は鄙びた山村集落となっているが、講中宿の家並みと石畳は往時の面影を今に伝え、山村集落ならではの風情ある景観を味わうことができる。

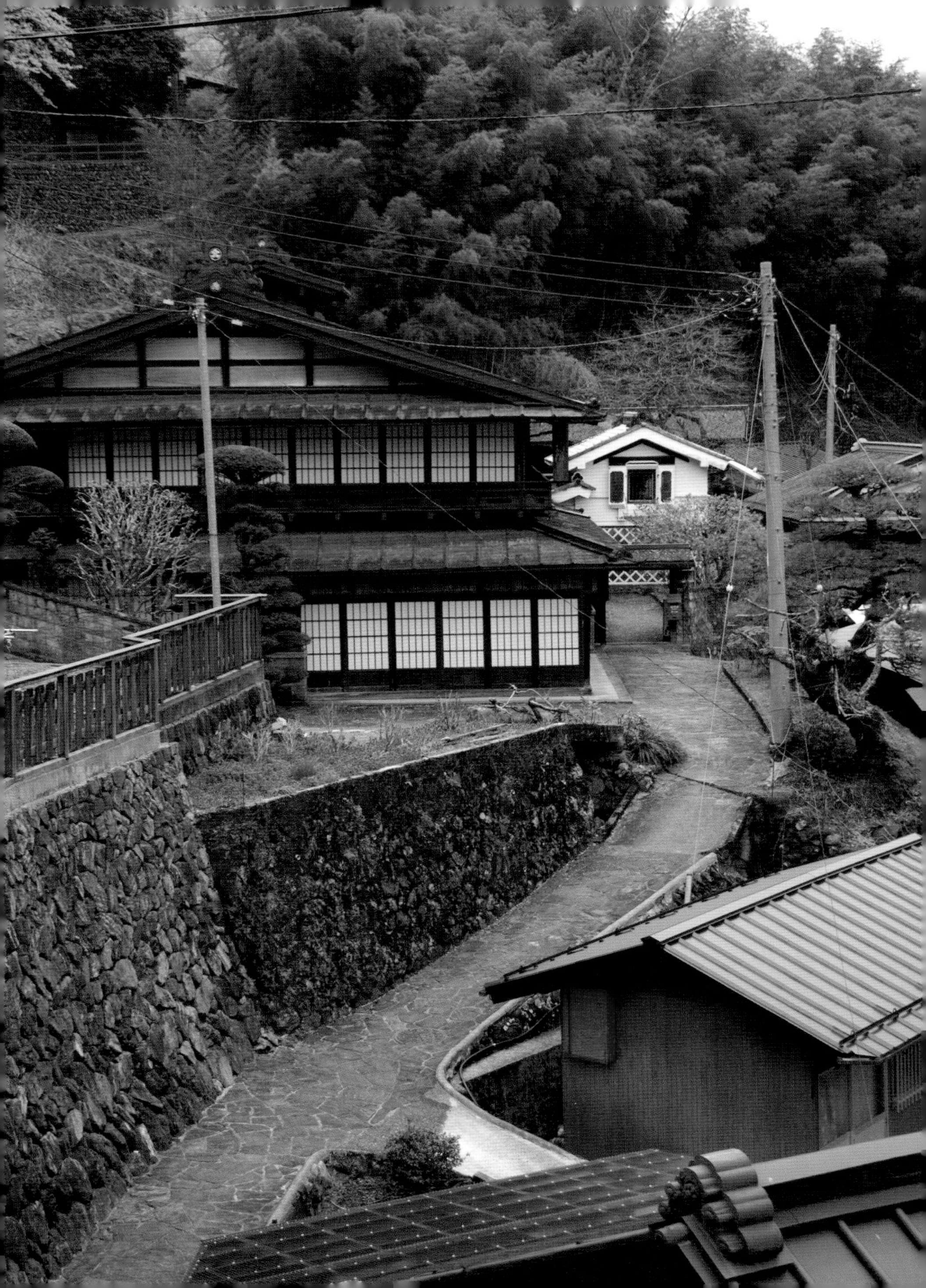

ふるさと再発見の旅　甲信越

2021年3月15日　第1刷発行

撮影　清永安雄
原稿　志摩千歳（長野）
　　　佐々木勇志（新潟・山梨）
編集　及川健智
地図作成　山本祥子

デザイン　松田行正・杉本聖士（マツダオフィス）

発行　株式会社産業編集センター
〒112-0011
東京都文京区千石四丁目39番17号
TEL 03-5395-6133　FAX 03-5395-5320
https://www.shc.co.jp/book/

印刷・製本　株式会社シナノパブリッシングプレス

ISBN978-4-86311-292-6　C0026
Printed in Japan